最強英語脳を作る

茂木健一郎
Mogi Kenichiro

ベスト新書
522

『最強英語脳を作る』◆目　次

第2章 「マインド・セット」を理解する

第3章 これが英語の「現場」だ

第4章　人工知能は怖くない

第5章 英語脳の正しいつくり方

終章

日本から世界への英語発信は必ず増える

序章

英語の現場は過酷なものである

生の躍動としての言語

これから本書で、英語脳のつくり方について、僕の体験から得たものを披露していきます。

英語で十全なコミュニケーションができるようになるためには、越えるべきハードルが無数にあります。そのハードルを一つひとつ越えていくには、当然ながら並々ならぬ努力が要求されます。

しかし、脳には、自分ができないことができるようになると嬉しく感じる「ドーパミン系」と呼ばれるシステムがあります。このシステムが脳の中で言語学習を先へと押し進める動機になり、さらにドーパミンを出し続けることが可能になれば、良い循環に到達します。そうなれば、努力に値する大きな果実を手に入れることができるようになります。

僕の場合、英語体験で大きな画期となったのは、高校1年生の夏休みに1か月カナダに行ったことです。

　そのとき、僕が一番「厳しい」と感じたのは、招待されたハウスパーティーで、僕以外の人が全員ネイティブで、みんながジョークを言って笑い合っていたときです。僕だけがそのジョークがわからなくて、その場をどう過ごすかというあのときが、僕の英語体験の最初の一番ハードな時間でした。いまでも、立食パーティーなどで、他の人たちが全員ネイティブで、自分一人だけがノンネイティブというときが一番厳しい状況だと思います。その厳しい状況を高1のときに経験したのが大きかった。それは学校の英語とはまったく違う世界だなと思いました。

　英語でも日本語でも何語でもそうですが、音声言語の特徴は、時間の流れの中でどんどん先へ進んでいくことです。いちいち辞書を引いたり、答えを確認したりする暇がないわけです。生きた、生の躍動（エラン・ヴィタール）としての言語は、常にその場で何とかしないといけない。

　英語に関する僕の一貫した主張は、英語を生きることが大事だというものです。英語を学ぶというより、英語を生きることが大事です。日本人はそれができないから、いくら英語を勉強してもなかなか習得できないのだと思います。

第1章で詳しくお話ししますが、僕はＴＥＤｘＴｏｋｙｏという学会発表に2回出て、ＴＥＤの本会議で1回しゃべっています。それ以外でも、今年（２０１６年）はアリゾナの学会で30分ぐらい英語の発表をします。僕にとっては、そういう、大勢の英語話者たちを前に英語で話すような舞台のときだけが自分にとって意味があるときなのだ、という感覚はずっと、中学生の頃からもっていました。

ですから、僕の経験から言うと、日本の英語教育でもっと必要なのは、ドラマ・エデュケーションではないかと思います。英語で何かの役割を演じる、あるいは、英語でスピーチをする教育、そういうことが非常に大事だと思いますが、自分自身なかなかそういう機会には恵まれてこなかった。中学・高校の英語教育でそういう時間帯は一切なかったと言っても過言ではありません。

サークル活動としてのＥＳＳはありましたけど、ああいうサークル活動というのは僕は嫌いで、入ろうとも思わなかった。

最近、僕自身の特徴としてある人に指摘されて「ああ、なるほど」と思ったのは、例えば、体を鍛えるのでも、僕はジムのマシーンが嫌いなんですね。とにかく反復運動をやるというのが嫌い。走るなら外を走りたい。ですから、マシーンでの筋力トレーニングをしない。かろうじて腕立て・腹筋をするぐらいです。

その理由を突き詰めると意外とややこしいというか、理由はもっと深いところにあって、大袈裟なことを言うと、僕がもっている生命観にあります。英語に対する態度も、とにかく文法が嫌い、センター試験の発音問題も嫌い。とにかく発音知識や文法知識だけを取り出して試験で問う意味がわからないです。ついでに言うと、英文和訳、和文英訳も嫌いです。

ですから、かなり好き嫌いが激しいのですが、それは遡《さかのぼ》ると、ある種の言語観や生命観に基づいている気がします。

最近、東工大の学長さんが、これからは日本の大学も国際化しないといけないとおっしゃって、入学式に英語でスピーチをされました。スピーチの内容は立派だったと思うし、東工大は僕も十年ぐらいお世話になったので悪口を言うつもりは毛頭ありません。それに、東工大の学生は数学的なところは非常に優秀ですが、英語力は少し物足りない学生さんが多い。そういう意味では、学長さんが入学式に英語でスピーチしたというのは、一種のショック療法として効果があったとは思います。しかし、一般に、日本人が日本人に英語でしゃべるというのが僕は好きではありません。生命的という点で意味がないと思うからです。

ネイティブは過酷なものだ

よく、英語なんてニューヨークのハーレムや、ロンドンの下町の子供でも話している、と冗談めかした言い方をする人がいますが、僕の感覚では、ネイティブの言語環境というのは、やはり非常に過酷で、そのネイティブの過酷さというのは、まず想像を絶するというのが正直な感想です。ですから、僕自身のこれからの英語体験としては、ネイティブが聴衆のときにしか、英語をしゃべる意味がないぐらいに感じています。

例えば、テーブルに日本人しかいなくてみんなが日本語で話しているときと、そこに一人だけ外国人が入ったときとでは、その場にいる人たち全員の日本語の使い方が変わります。外国人が交じっていると、最初はみんな、その外国人に気を遣って日本語を話しています。けれども、そのうち、その人の存在を忘れて、日本人同士で日本語でしゃべっている時間帯が出てきます。その外国人一人の状態と同じ状態に、自分が英語のネイティブに囲まれて置かれるということを経験しないと、意味がないと思うのです。

これを譬《たと》えて言うなら、我々が地上でゆっくり歩いているときに、彼らはものすごい空中戦をやっているようなものです。その凄まじいとしか言いようがない言語的経験を体験しない限り、僕には意味がない。早くからそう思っていました。そこがいつも僕の基準になっている気がします。

僕には、どんな分野でも最高のものをまず見極めようとする癖があります。例えば、科学も、最高の業績は何かということを見極めて、それを基準に「ああ、いま自分はこんなに情けない状態だな」と思う癖がついてしまっている。同じように英語についても、検定試験とか、ＴＯＥＦＬとかＴＯＥＩＣとか、そういうものでは聴いていたら、日本人で一番英語が上手い人というのは、ネイティブでもなく、帰国子女でもなくて、最高レベルの英語の感覚はどういうものかということを実際に見て、聴いて、身につけて、それを基準に自分の英語をジャッジするという態度が身についています。そういう意味においては、日本人が日本人に対して英語をしゃべるというのは、いろいろな意味でぬる過ぎる感じがするのです。

僕がTEDの本会議で話をしたときは、東日本大震災の津波の話をしたのですが、その映像がユーチューブに残っていなくて、幻のTEDトークになってしまっています（静止画は残っています）。あのTEDのメインステージというのは、大相撲で言うと、幕内の中入後の取組みたいなもので、ものすごく過酷な状況です。高校1年生の夏に初めてカナダに行って以来かれこれ40年、いまの僕はそういうところで英語をしゃべるということにしか、リアリティを感じない段階に来ています。

ですから、今後、僕がもし英語で活動するとしたら、例えば、アメリカの「オプラ・ウィンフリー・ショー」に呼ばれてゲストになるとか、そういう状況以外、中途半端な状況は自分にとっては意味がないという気がします。

例えば、NHKの英会話講座で外国人がしゃべって、「これは、こういう意味で

2012年2月29日、カリフォルニア州ロングビーチで開かれたTED本会議で、釜石の漁師さんから預かった大漁旗を振る場面を交えてトークする著者（写真提供：Patrick Newell氏）

す」などと言っていますが、ああいうのも嫌いなんです。嫌いというより、あの人たちって完全にダラけているので、ダラけた状況での英語はあまり意味がないと思っています。

いま、高校の授業では、授業中の口頭説明も英語でするようにということになっているようですが、僕は、それはナンセンスだと思っています。要するに、英語という言語の特徴として、ボクシングのスパーリングで言うと、純粋にスパーリングをしている時間がすごく大事で、そのときのスパーリングの相手は最高レベルのものでないと意味がないということです。下手くそな人とやっても意味がない。

もし僕が高校の教師だったら、ネット上にいくらでも、内容も非常に新しい、英語の高度な素材がたくさんあるので、それを生徒と一緒に見て話し合うというような授業をしたい。話し合うこちらは日本語でもよいと思います。あるいは、ものすごくインテンシブに英語をしゃべらせたり、書かせたりしたい。でも、そのときのつなぎの言葉が英語である必要はまったくないと思っています。「コミュニカティブ・アプローチ」と呼ばれる、説明もすべて当該の言語で行うという教授法に、有効性はないと思います。

ですから、日本人は、まだ英語に対するスタンスがうまくつくりきれていないのではないかと思います。僕に言わせれば、そこに足りないのは、ある種の過酷さだと思うのです。

本書では、僕の個人的英語体験をもとに、日本人がいかにして英語という言語と向き合うべきか、僕の考えを述べてみようと思います。

第1章

最高のものに目標を定める

テッド・カンファレンスが教えてくれた「正しい英語などない」

テッド（TED）・カンファレンスという、日本でもかなり知られてきた、一種のトーク・ショーがあります。TEDはニューヨークに本部を置く非営利団体です。Tはテクノロジー、Eはエンターテインメント、Dはデザイン、の頭文字をつないだ名前で、「広げるに値するアイディア（Ideas worth spreading）」というスローガンのもと、現在は毎年カナダのバンクーバーで本会議をする他に、世界各地で、支部会議が開かれます。東京でも、「テッド・エックス・トーキョー（TEDxTokyo）」という名前で、毎年、講演会があります。他にTEDxUTokyo（東京大学TEDカンファランス）というのもあって、これは、東大版TEDとして2012年に始まったものです。先頃、2016年5月29日に、東大安田講堂で開催され、私もゲスト・スピーカーとして参加してきました。

テッド・カンファレンスは、学術・エンターテインメント・デザインなど、さまざまな分野の人物がプレゼンテーションを行います。２０１６年から、講演会の内容をインターネット上で無料で動画配信するようになりました。いまでは、ユーチューブ上に専用チャンネルがあり、誰でも、いつでも、見られるようになっています。いまでは２４００本にのぼるトークが公開中です。

ＴＥＤで最初にお話しさせていただいたのは、２０１０年のＴＥＤｘＴｏｋｙｏでした。このときは、「科学の祝福」というテーマでした。

２０１２年のＴＥＤ本会議でのトークは、東日本大震災からの復興を訴えかけるものでした。僕の２回目の講演です。このときのトークは、釜石の記者さんに使用許可をいただいた津波の映像を用い、釜石の漁師さんにお借りした大漁旗を振りました。先にも話しましたが、これは、トークの性質上、映像では公開されておらず、もはや「幻」のＴＥＤトークとなっています。

そして、３回目が、昨年のＴＥＤｘＴｏｋｙｏでの、「人工知能」についてのトークです。

４回目のＴＥＤｘＵＴｏｋｙｏでは、初めての試みとして、スライドを使わず、その場で即興の発話をしました。

いままでのトークをかえりみて、自分の英語の発話は、決まった文章をそのまま言うよりも、その場で文章を組み立ててするほうが向いているらしい、と感じてきました。

特に、２０１２年の震災に関するトークは、本会議ということもあり、また、テーマが重く、さらに、映像や大漁旗をお預かりしているという責任感もあって、僕としては珍しく、あらかじめ書いたものをそのまま話しました。結果としてはできたのですが、同時に、脳への大きな負荷も感じました。

このときは、ちょっとビビってしまって、一字一句、英語としても立派な英語にしようと思ってやって、すごく苦労したのです。何十回とリハーサルをやりました。

どうも、僕の脳の特性として、決まったことを言うのではなく、その場で発話するほうが得意のようで、２０１６年の5月29日には、初めて、スライドを一枚も使わず、だいたいこんなことを言おうということだけ決めて、あとはその場で英語を話してみたのです。

「やはり」というか、会場の流れに吸引されて、自分で言おうとは思っていなかったことを言ったり、意外な発見がありましたが、なんとかできたので、これからはこのやり方でやってみたいと思っています。

お手本、というか僕のイメージにあったのは、ケン・ロビンソン(Ken Robinson)さんのトークで、あんな感じでできたら、という発想でした。この方のトークの素晴らしさは、ユーチューブですぐ確かめることができます。

最近はなくなってきましたが、僕がツイッターでよく英語の文章を書いたり、動画で英語を話したりすると、揚げ足取りをしたがる人が非常に多いですね。「この表現は変だ」とか、「この発音は変だ」とか。

ところが、ネイティブと話していてそういう経験はまずしたことがありません。

今年（2016年）のバンクーバーのテッドにも行って、オーディエンスとしていろんな人のトークを聞いてきました。そこでもつくづく感じたのは、英語はもはやグローバルな言語なので、「正しい英語」というのはないのだということです。

例えば、イギリスだと、オックスフォードとケンブリッジの英語はたしかに一つの典型で、それはアメリカの英語とは違っています。僕はケンブリッジに留学していたので、オックスブリッジの英語は非常に聞き取りやすいけれども、アメリカ人に言わせると聞き取りにくいと言います。イギリス人の俳優がアメリカ映画に出るときには、わざと訛《なま》りを消すというか、アメリカっぽい訛りにしないと、社会的に受け入れてもらえない、お高くとまっていると見られてしまう、ということがあるそうです。逆に、アメリカに行くと、ブロークンなイングリッシュがいっぱいあります。アフリカ系の人とか、最近はスペインの人がたくさん来ているから、スペイン系の英語もある。

ですから、もう「正しい英語の発音」ということが言えなくなって、「正しい英語」という言い方そのものが、「政治的に正しくない」(politically incorrect) みたいな状況になってきています。

今年のテッド本会議でも、それこそインド系の人やアフリカ系の人など、さまざまな出身地域の人々が英語でスピーチしていましたが、みんな訛りなんか全然気にしないで、伝えたいことを伝えるという姿勢でした。

インド人の女の子で、10歳で作家になったという子が来ていて、恐らく、史上最年少のテッドのスピーカーだと思います。インドには、10歳で、英語で小説を書く人がいるということですね。「植民地だったからだろう」と言われればそれまでですが、そういう人がこれからは日本から出てきてもよいのではないかと思いました。将来的には大いにありうる話だと思います。

まあ、テッドの講演会という、記録もされるし公開もされる、かなりのプレッシャーがかかる状況での学習機会があった中で、課題を見つけて、自分ではそれぞれ進化してきたつもりでいます。

雑音は気にしない

そういえば、つい最近も、僕の英語をネットで聞いて、それについてツイッターで、難癖をつけてきた人がいました。「茂木健一郎氏に英語喉《のど》をやってもらうために請願書をここに書きたい」などと書き込みがしてあった。すかさず、こう反応してしまいました。
《英語喉、とかよくわからない人のメンション、腹立つわ〜(笑)。そもそも、もともとナマっている、アメリカ英語を標準とか言われてもなあ(笑)。僕はオックスブリッジの英語が一番好きです。こういう、押し付けてくる人たち、嫌い。(笑)》
《だいたいさ、英語で何を伝えるか、のほうが、「正しい」英語を使うということよりも重要で、その「正しい」って、多くの場合一つだけが正解とは限らないし、押し付けであることが多いから、まあ、無視していいんじゃないんですか。気にせず使うことです、全国の英語学習者諸君。》
《アインシュタインの英語はひどかったし、ヴィトゲンシュタインの英語もおそらく訛っていたけれど、彼らの言っていることのほうが重要なので、僕はそういうポリシーです。これが正しい英語だとか、トリビアルなことにうるさいやつらが多すぎるよ。うっとうしい。》
そうしたら、このところ一緒に仕事をすることの多い、ケン・フォーセットさん

（日本生まれのニュージーランド人）が、コメントをしてくれました。
《茂木さんとはよく英語で会話をさせていただきますが、それぐらいの訛りは全然気になりません。それで英語喉が必要と思う人はよっぽど偏った英語の発音の人としか接してないんでしょうね。》
《茂木さんと最初にお会いしたのは2年前でそれ以来月一ぐらいでお会いしていますが、英語が理解できなかったことは一回もありません。TEDも全部聞いていますが一字一句すべて普通に聞き取れます。断言できます。》
これでよいのではないでしょうか。

「無茶ぶり」のすすめ

テッド・カンファレンスに毎年参加していますが、先ほど言ったように、インド系の人やアフリカ系の人、アジア系の人、たくさんの人が集まります。みなさん、いろいろなテーマでしゃべっていますが、訛りなんか全然気にしないで、伝えたいことを伝えるという姿勢で話していました。

それが日本人はなかなかできない。それはやはり「人前で間違えることを恥じる」という、非常に根深い文化的原因に起因していると思うのです。これは言語習得だけではありません。実にありとあらゆる場面で、人前で恥をかくのを非常に怖がる文化がこの国には存在します。それが必然的に外国語習得の邪魔にもなってしまっていると思います。

さらに、完璧主義というのも非常に障害になっています。文科省が、「中学校で習う英単語はこれだけ」とか「高校ではこれだけ」という、いわゆるホワイトリストを目安として設定しています。「この範囲の単語は学びましょう」というリストです。逆に言うと、中学、高校のときにそれを超えたものに出会わないことが問題。先生方も、その範囲内の単語で、ある意味では非常に真面目に授業をされている。大学入試レベルで6000語ぐらいのボキャブラリーが必要とされていますが、英語のネイティブはだいたい2万5000〜3万5000語です。シェイクスピアは10万語と言われていて、そこのギャップがなかなか埋められない。

日本人は品質管理の生真面目さがあって、中等教育の英語学習における「学ぶべきリスト」と、「生徒が見るべきテキスト」と、「生徒が100点を取るべきテスト」の、非常に精緻なマッチングをしていると思います。中学、高校の英語教育は、その考え方からずっと抜け出ていません。

以前、フジテレビの番組で僕の隣に座っていた人が、TOEICで二十何回満点をとったというマニアの人でした。そういう方は、それが英語力だと思ってしまうんですね。

でも、実際には、英語は生き物で、常に変わっているし、新語も出てくる。ネイティブだって知らない単語はたくさんあるのです。とにかく、自分が知らない単語が混ざっている文章を読むという経験や、自分がわからない単語が適当に混ざっている会話を、例えば、3割しかわからなかったら3割なりに、5割しかわからなければ5割なりに聞くということが、実は言語習得においては非常に大事なことです。日本人の完璧主義の精神性ゆえにそれができなくなっている。そこが、非常に大きなネックになっていると思います。

日本人の英語学習にはいくつか、そういう文化的に条件づけられた、日本人が習得できない理由があって、それを一個一個外していけば、日本人も簡単に英語を学べるようになるというのが僕の持論です。

なぜなら、どこの国の人であろうと、何語を母語とする両親のもとに生まれようと、人間の脳構造には生まれつきの違いはないからです。

脳構造に生まれつきの違いはないのですが、長いあいだそのように完璧主義に毒されて、「0」か「100」か、あるいは「全か無か」式に脳を使っていると、そういう脳の回路の癖が出てきてしまいます。

日本人が英語をしゃべるためには、単純に教科としての英語を学ぶというより、ある種の「態度」を身につける必要があります。まず、恥を捨てる。恥ずかしいという感情を捨てる。また、完璧主義を捨てる。あとは、僕はよく「無茶ぶりしろ」と言っています。段階主義ではなくて、いきなりハードルの高いものに触れることが必要だと思うのです。

僕は、普通の日本人と同じように、中学に入ってから英語を習い始めました。小学校のうちから英語を勉強し始めたわけではありません。子供の頃、実家の近くに映画館があって洋画をかなり上映していたので、英語の音声を聞くのは少し慣れていたかもしれません。でも、きちんと学び始めたのは本当に中学校に入ってからです。

それから、僕は、いわゆる塾や予備校の授業を受けたことがありません。模試だけは予備校主催のものを受けましたが、塾や予備校での授業を受けた経験はありません。

それでも、入試の英語は、自分で言うのも何ですがトップクラスで、苦労しませんでした。学生時代、当時受けられた英検1級や、国連英検特A級といった資格は、すべて取りました。

英語はいまでも好きで、常にブラッシュアップを心がけています。英語での論文執筆や学会発表はもちろんのこと、英語で一般書を出すという目標に向けて、日々精進しています。

そんな僕の体験から、また、脳科学の視点から、日本人の英語習得に欠かせないのが「無茶ぶり」です。

「そんなことはできない」「絶対に無理」ということを、自分に課すことがいかに大切か。ハードルを乗り越えることで、脳がグンと成長する。そういう無茶ぶりを通して、僕自身は、英語力の階段を上ってきたように思うのです。

もともと、科目としての英語は好きでしたが、僕の英語力が「質的」に向上するきっかけになったのは、節目における無茶ぶりであったと、これは断言できます。

高校生のときのビックリ体験

高校1年の夏休み、英語研修でカナダのバンクーバーに1か月ホームステイしました。ホストファミリーの家に着いたとたん、10歳と8歳の男の子が飛び出してきて、いきなり「人生ゲーム」をやらされました。僕は当時15歳で、向こうにとっては恰好の遊び相手がやって来たという意識だから、こちらが何か面白いことを言って笑わせてくれるとか、そういうことを期待しているようでした。こちらは自分の拙《つたな》い英語力で、英語で冗談を言わなければならなくなるなんて、まったく予想もしていませんでした。

何しろ、ルーレットを回して、「大学に行くか」「結婚するか」「転職するか」といった複雑なことを会話で進めて行かなくてはならなかったのです。いま思い出しても、冷や汗が出ます。あのときに、それまで受けてきた日本の英語教育とは根本的に違う何かが、この場にはあるのだと感じました。

僕は高校1年のときに英語の原書を読み始めて、高校3年間で数十冊読んだと思います。明らかに高校英語の範囲は超えていて、わからない単語がたくさんある。全部辞書を引いていると時間がなくなってしまうから、「習うより慣れろ」しかなかった。とにかく、いきなりハードルの高いものを自分に課すという、ちょっと無茶なことをしました。

最初に読んだのは『赤毛のアン』です。シリーズを全部読破した。その勢いで、トールキンの『指輪物語』や、ミッチェルの『風と共に去りぬ』、さらにはフリードマンの『選択の自由』といった経済書も読んだものです。

原書を読み始めた最初のうちは、頭の中で、歯車が潤滑油なしで無理に回っているような、そんな苦しい感覚がありました。それが、2冊、3冊と読むうちに慣れてきて、いつの間にか平気になったのです。

忘れられない日米学生会議での「無茶ぶり」経験

大学生のときに、「日米学生会議」で渡米しました。日米学生会議は、日本とアメリカの学生が40人ぐらいずつ集まって、1か月間ずっと討議をするもので、僕は第38回に行きました。戦前から始まっていて、宮澤喜一・元首相も1939年に行ったOBです。第2次大戦中は中断しましたが、戦後に再開され、僕は第38回でアメリカに行って、1か月間、シカゴなどあちこちを回りながら、ニューヨークの国連本部などでしゃべりました。そのときの日本人参加者の中には、僕みたいに日本で英語教育を受けて育った人もいたし、帰国子女もたくさんいて、さらに、日本人と外国人のハーフで、幼少期から英語に接している人もいました。

国連本部やジェネラル・モーターズ本社を訪れて相手側のレクチャーを受けるのですが、このときも、自らに「無茶ぶり」を課したのです。どの会合でも、真っ先に手を上げて質問すると決めていましたね。

当時は英語力が未熟だったから、あらかじめ、頭の中で質問の英文を作ってから、発言しました。無謀もいいところですが、僕は手を上げることをやめなかった。

この日米学生会議のとき、純ジャパ、半ジャパ、ノンジャパという面白い言い方が流行りました。「純粋ジャパニーズ」、「半分ジャパニーズ」、「日本人じゃない」。英語力の問題だけではなくて、アングロサクソン的な発想ができるのがノンジャパで、純粋ジャパニーズは英語力の問題だけでなく、発想や人間関係、社会の見方が純粋ジャパニーズだという意味です。

僕もそのとき初めて聞きましたが、人を分類するときにそういう言い方をする。僕は、純ジャパ枠ではなかったです。純ジャパ枠は、もうちょっと別の人たちでした。当時から僕は、分類不能に映っていたようです。

そのときのことで、忘れられない経験がもうひとつあります。ファーストナイト、最初に会った夜に、日本側と米国側が、お互いに寸劇のような出し物を出し合うのです。日本側は3か月ぐらい前から緻密な準備をしていったのですが、アメリカは、当時はネットもないし、そもそもみんなバラバラに全米から集まってくるから、準備なんて全然できない。前日の夜に来て、次の日には本番なのに、その出し物のドラマの出来が我々日本人よりずっと良かったのです。ものすごい衝撃的な出来事でした。やはり、即興劇みたいなものを授業の一環としてか、課外活動としてかは知りませんが、普段から学校生活の中に充分取り入れているのでしょうね。

ひょっとしたら、日本人の英語ができない大きな要因の一つがこれかもしれません。つまり、普段から即興劇の訓練が欠如しているからかもしれません。演劇はすごく感情を揺さぶられるので、そこをうまく使うと、もっとうまくできるのかもしれない。英語劇をやることがもっと広がれば、感情と記憶の関係という意味では、英語がさらに定着する可能性が高いということだと思います。

僕の場合、英語劇も高校時代に自分でやった記憶はありません。僕もずいぶん先端的な高校に行っていましたけど、やったことはないです。いまの日本の英語教育の世界でドラマ・エデュケーションは行われているのでしょうか。あまり聞かないのは、やはり、日本の受験に合わないのでしょう。

言語の背景となっている文化や文明のあり方に興味をもって、そことの距離が縮まるほど言語習得レベルが上がっていくことはよく知られていて、それについてはいくつか論文があります。英語を学ぶというのは、英語の考え方（マインド・セット）を学ぶことなのです。それを身につけないと英語を習得したことにならないので、だから、僕は検定試験というものにはものすごく反対というか、意味がないと思っているのです。

高校生・大学生の当時は、脳科学の知識などありませんでした。それにもかかわらず、自分ができるかどうかなど考えずに「無茶ぶり」を通したことは、いま考えれば、理屈に適《かな》っていたと思います。自分ができるかどうかわからないことに挑戦して成功すると、「報酬系」と言われる神経伝達物質の「ドーパミン」が出ます。失敗してもかまわない。むしろ、失敗と成功が入り交じった挑戦の際に、ドーパミンが最も効率良く放出されるのです。

もちろん、当時はそんなことは知りませんでした。

こんなふうに、「無茶ぶり」を通してきた僕の経験から言えることは、日本人は、英語について、もっと大胆になってよいということです。自分のいまの英語力では無理だ、などと思わずに、どんどん無茶ぶりしてほしい。ドーパミンを活かした英語力上達の秘訣がそこにあります。

第2章

「マインド・セット」を理解する

マインド・セットとは何か

ハーバード大学の入学面接試験について、僕は一時興味をもっていろいろ調べたことがあります。ＯＢが面接するのですが、時間の長さも目安しかないし、会えないときはメールやスカイプでもよいと書いてありました。

日本の大学院の入試は、なぜか標準化しないと受験者が納得しません。どの受験者にも15分ピッタリで、先生がだいたい同じようなことを聞く。そうでないと不平等だと思っているのですね。英語圏の感覚は、そのとき、そのときで合ったやり方でよいという、いわゆるコモンセンスを大事にするという考え方です。この考え方を理解しないと、そもそも本当に英語を理解したということにならないと言えると思います。それなのに、日本では、非常に浅い教育観に基づく試験が行われている気がします。

ただ、英語圏の感覚がわかって英語の学習を続けてくると、ほんとに面白いことがあるのです。そういうことが、英語学習の驚きというか、楽しみだと、僕はいま思っています。

例えば、村上春樹さんが強い影響を受けたという、レイモンド・カーヴァーなどが典型ですが、英語圏のある種の文章の特徴として、余計なことは一切言わないというスタイルがあります。これは村上さんの文体の基礎になっているのかもしれませんが、とにかく余計なことを言わない。簡潔に必要なことだけを述べるのですね。

DNAの二重螺旋構造を発見したワトソンとクリックの論文は、A4判1枚の短い論文で、それでノーベル賞を取りました。DNAの二重螺旋構造は、螺旋と螺旋がかみ合わさっていて、どうやって遺伝子がコピーされるかというメカニズムが、その構造を見ただけでわかってしまうという、画期的な発見なのに、その論文にはそういうことには一切触れていなくて、ただ最後の一行が、「我々は、この構造が遺伝子の複製メカニズムについてある示唆を与えることに、当然気づいている」と書いて終わっているのです。かっこいいですね。

つまり、そういう実質を重視して、大袈裟なことを言うのを嫌うという文化も含めての英語なので、それがわからないと、なかなか英語の話者にはなれないと思います。

よくバイリンガルと言いますが、単に英語の単語を知っていたり、表現を知っていたり、文法を正しく使えるという問題ではなくて、いわゆるマインド・セットというか、――日本語には日本語のマインド・セットがあるけれども――、英語のマインド・セットをどのぐらい理解して、それを駆使できるようになるかという、深いレベルでの英語の理解というのがあります。

それが英語を学んでいて実は一番面白いところだし、僕自身もそれでかなり人生で得をしたと思っています。僕は日本社会の中で比較的いろいろな活動ができていますが、マインド・セットということについては間違いなく英語学習の恩恵を受けています。

僕の友人で、ジョイ・イトウ（伊藤穰一）という人がいます。いま、ＭＩＴのメディアラボの所長をしています。彼はどこの大学も出ていないのですよ。一度変な大学に行って、やめて、そのあと、「おまえ、変な大学に行ったからやめたんだよ。シカゴ大学に行け」と言われて、シカゴ大学に行ったんだけど、やっぱり意味がないと思ってやめてしまった。そういう男がＭＩＴのメディアラボという、ものすごくレベルの高いラボの研究所長に就いたのです。日本学術会議が会合の中で特別にそれを議題に取り上げて、「なぜマサチューセッツ工科大学は、学部も出ていないような人を所長にするのでしょうか」と、偉い先生たちが額《ひたい》を集めて議論したそうです。

しかし、僕に言わせれば、ジョイ・イトウのような人がＭＩＴメディアラボの研究所長になるというのが、英語のマインド・セットなのですね。しかも、僕は本人から直接聞きましたが、研究所長になるときのジョブ・インタビューのやり方が徹底していて、何十人かいる、ＭＩＴのメディアラボの教授たちに、二日間かけて全員と会ったそうです。最後は、お互いに相手が必要だということを理解して、ほとんど満場一致でジョイが所長になりました。

日本だと、恐らく人事はそうならないんですよ。阿吽《あうん》の呼吸というか、「今度の所長は誰がいいかね?」「やっぱり、あの人だろう」という根回しが当然あります。それは学歴だとか、ネットワークの根回しで決まるわけです。それも一つの文化のあり方で、どちらが良いか悪いかということはないですが、英語圏の文化のあり方は全然それとは違って、まさに実質しか意味がない。そこまで含めて英語を学ぶと、日本で生きていくうえでも非常に役に立ちます。

僕の日本社会での立ち位置は、間違いなくその恩恵を受けています。そのために、僕は日本社会の中で理解されないときもある。先日も就活学生たちの前でしゃべりましたが、彼らが興味をもって聞きに来るのはまさにそこなんです。「この人は、何を知っているのだろう」と思って聞きに来るわけです。きっと僕が言っていることは、彼らが受けてきた日本の教育の中では聞いたことがないことなのです。だから興味をもって聞きに来るので、それは直接的に言語学習ではないけれど、マインド・セットに関わるという点では、これも言語学習の一環として彼らは会場に来てくれたという感じがするのです。

先ほど「実質しか意味がない」という言い方をしましたが、それは、個人主義とか合理主義ということとは少し違うような気がしています。

山崎正和さんの『柔らかい個人主義の誕生』は大変楽しく拝読しましたが、ひょっとしたら、いま日本は、あの本に匹敵する何か新しい論が立てられないといけない時代なのかもしれないですね。それは、個人主義と集団主義とか、そういうことだけでは片づけられない。もっと柔らかくて、もっと有機的な何かだと思うのです。

例えば、阿吽の呼吸というのは英語圏でもあって、よく日本人が言う間違いで、「外国人は謝らない」というのがありますが、あれは絶対ウソです。映画を見ていればわかりますが、すぐ「アイムソーリー」と言っています。責任を認めるとか、そういうこととは別に、感情で「申し訳なかった」ということを表現するのは普通にやっています。しかも、自分に責任がない場合でも「アイムソーリー」と言っています。例えば、お母さんがガンになって入院してしまったと言うと、言われたほうは「アイムソーリー」と答えるのが普通です。

ですから、謝らないというのは、まったくの誤解です。そもそも「アイムソーリー」が「謝っている」のだという翻訳の理解が間違っていると思いますが、英語圏の文化について、日本語の中で流通している言説がかなり古臭くなってしまっていると思います。そろそろ日本人の英語に関するイメージが更新されるべき時期に来ているかもしれない、と強く感じます。

逆に日本人も、日本語がわからないと絶対わからない文化があると思っています。どちらが良い悪いではなくて、結局、道具箱の中の道具が増えるということなのですよ。僕は残念ながら、フランス語はあまりよくわからなくて、ロシア語もわからない。でも、ドイツ語はある程度わかるから、ドイツ語的な発想というのは自分の道具箱の中に少し入っている。中国語ができたり、アラビア語ができたりすると、また道具箱の中に道具が入ると思いますが、そういうところが、言語習得の一番の魅力だと思います。

僕の中の「非言語障壁」

繰り返しますが、マインド・セットの違いが、英語習得においては最も難しい壁になると思います。例えば、僕にとっての非言語障壁は、イギリスのケンブリッジに留学したときに経験しました。当時34歳でしたが、やっと海外に逃亡できたと、小躍りしたいほど嬉しかったのを覚えています。着いた日に下宿が決まって、夜寝るとき、本当に人生で一番の幸せを感じました。中学の頃から海外逃亡したいと思っていて、やっと来た、これから2年間留学するのだと思って、それはそれは嬉しかった。

その研究室のボスが偉い先生で、ダーウィンのひ孫で、ものすごく尊敬されている神経科学者です。イギリスのロイヤル・ソサエティの会員でもあって、ノーベル賞級の研究をしている方です。まだ受賞には至っていませんが、いつ受賞してもおかしくないような研究をされた方ですが、そのホラス・バーローさんを、まわりの人はファーストネームで「ホラス」と呼んでいました。

僕は、そのとき、東大を出て、理化学研究所で2年目ぐらいでした。東京大学は自分が教わった先生をファーストネームで呼ぶことはありえない、そういうところです。日本全国どこの大学でもそうでしょう。そして、理化学研究所の僕がいた研究室は比較的医学部の人が多かったので、お互いに「先生」と言い合う文化なのです。

バーロー教授ほどの尊敬する先生を、「ホラス」なんて言えないですよ。

2か月ぐらいファーストネームで呼べなかったですね。みんな、そんな僕を見て笑っているのです。「こいつは日本から来たから、やっぱりそういう変なヤツなんだ」という感じでした。

自分の中にもそういう非言語障壁があったということですから、それに気づいたときは自分でもビックリしました。2か月経って、やっと「ホラス」と言えた。いまはもう、年に1回会いに行って、普通に「ホラス」と呼んでいます。

その類いのことがたくさんある気がしますね、日本語と英語のあいだには。

この2年間の留学は、ヒューマン・フロンティア・サイエンス・プログラムという国際プロジェクトに応募して合格して行ったものです。もともと中曽根康弘さんの内閣時代に、G7によって提案されて、G7がお金を出し合ってヒューマン・フロンティア、人類の知的なフロンティアの研究をするようなことに、お互いに留学するときにお金を出し合うスキームが作られたのです。それに合格して、ケンブリッジ大学に行くことになったのです。ですから、理研はいったん離れて、そのプログラムの給費生として行きました。

わが師、ホラス・バーロー

ケンブリッジに行く前に、事前に自分で書いた手紙を送ってありました。メンター（指導教授）はいま話したホラス・バーローという方です。このバーローさんが、初めて会ったとき、僕が事前に書き送っていた自筆の手紙を指して「この手紙はおまえが書いたのか」と聞いてきました。僕が「そうです」と答えると、昔、中国人のポスドクが来て、実は英語ができないのに誰かに書いてもらって、こっちに来てから英語がしゃべれなかったから、すごく苦労したとおっしゃった。それで、「この手紙はおまえが書いたのか」と聞いてきたというわけです。

彼らは、一般に、誰かの英語力の判定は、基本的に自分でやるものだと思っています。根本的な思想の違いだと思いますが、僕の場合、バーローさんのもとに留学する試験みたいなものがグラスゴーの学会であって、5分か10分話す面接みたいなものでした。そのときに、例えば、検定試験の点数が何点などということはまったく聞かれなかったのです。

それはどういう思想かというと、一般的に言語能力というのは、そう簡単には測れないという常識があるということです。もちろん、アメリカにもTOEFL（大学入学のための外国人が受ける試験）がありますが、注意深く読むと必須ではないのですね。何らかの方法で英語の力が証明できれば、要らないわけです。まず、ネイティブが要らないのは当たり前ですね。ネイティブではなく、外国で育っていても、例えば、父親か母親が英語のネイティブ話者の環境で育っていたら、受ける必要はないのです。ですから、TOEFLとか、イギリスのIELTSという言語テストは、日本人はそれが英語だと思っていますが、まったく違います。あれは、他に英語力を試す方法がないときの補助手段でしかないのです。

実際に僕はバーローさんから、英語力についてはそれ以上聞かれることはありませんでした。５分か10分話せばわかることですから。

日本企業がＴＯＥＦＬとか、特にＴＯＥＩＣのスコアを社員に聞くのは、自分たちで英語の能力を測る方法がないからです。でも、もともと言葉というのは、当たり前ですけど、生きたものです。例えば、我々はお互いに普通に日本語をしゃべっていて、この人の日本語はいいなとか、同じ日本人でも、「この人の日本語は、ちょっと言語的にあまり魅力を感じないな」とか、思うことがありますね。

日本語については自分たちで、この人の能力はどれぐらいかということがわかるという、生活の直感をもっているのに、なぜか英語については試験任せにしてしまっている。ここにも、日本人の英語が伸びない根本的な理由があると思います。

ホラス・バーローは、エスタブリッシュメント中のエスタブリッシュメントです。チャールズ・ダーウィンのひ孫。ケンブリッジの中でも名門中の名門であるトリニティ・カレッジのフェローです。ウサギの網膜で動きに反応する神経細胞を発見して、その後、数理神経科学の「ゴッドファーザー」になった人です。

この、ホラス・バーローが、イギリスにおける僕のメンターになったのは、一つの実に不思議な偶然でした。その偶然をしみじみありがたいことだと思っています。毎年1回ケンブリッジを訪れてホラスとお話ししますが、この前、ホラスに会って改めて感じたのは、ホラスの胸の奥に深く秘められた、「情熱」のあり方です。

ホラス・バーローは、ある意味ではアナーキーな精神をもった存在であるということ。ここに、私が長年にわたってホラスに惹《ひ》きつけられてきた理由があると思っています。もっとも、その反骨精神は露《あら》わになるものではなく、彼の静かな生き方の中から、自然ににじみ出てくるもので、そこが、いかにもイギリスらしいと感じます。

ホラスと、トリニティ・カレッジの前のイタリアン・レストランで食事をしたときに、彼が本の原稿をようやく書き終えるところなのだと言っていました。ところが、アメリカのＭＩＴ出版から出ることになっているその本の原稿を、「いっそのこと、ebookにしてしまって、10ドルで自由市場に出そうか」とおっしゃるのです。

その話を聞いて、ああ、ホラスのそういうところが好きなのだと思いました。91

歳の大御所で、誰からも尊敬されている、そんなホラスが、「もっともらしい」大出版社ではなくて、最新のテクノロジーであるebookで、「自由市場」に出そうかと考える。その姿勢がステキでしょう。

そんなホラスについての、長年にわたる疑問が、最近解けたのです。ケンブリッジに留学したときに一番仲が良かったアダー・ペラーと会いました。アダーは、ヨーク大学とケンブリッジの両方に籍があって、研究を続けている学者です。アダーとビールを飲みながら話していて「そういえば」と前から気になっていたことを聞きました。

「アダー、ホラスは、なぜナイトになっていないんだろう？　ホラスほどの人ならば、ＯＢＥ（Order of the British Empire　大英帝国勲章）を受章して、ナイト・コマンダーか何かになって、サー・ホラスと言われていてもおかしくないと思うんだけど」

するとアダーはこう言いました。

「簡単さ。ホラスなら、ピア（peer）でも、ロード（lord）でも、何でもなれたと思う。

でもね、ホラスは、イヤなんだよ、そういうの。科学に関することなら、ロイヤル・ソサエティのフェローでも、何でも受ける。だけど、それ以外の、栄典とか、そういうのはイヤなんだ」

「イギリスでは、そういうのは断れるのか？」

「事前に打診があったときに断れば、その事実は外に出ない」

ホラスと話したいままでのさまざまなことや、これまでのホラスの生き方を考えて、改めて、ホラスは秘めた情熱の人だと思ったことでした。一つの烈しさ、厳しさがそこにあります。内なる倫理規則に従って生きている人。

繰り返します。この、ホラス・バーローが、イギリスにおける僕のメンターになったのは、しみじみありがたいことだと思っています。

英語のマインド・セットを身につけた日本人もいた

例えば、「所属」という考え方が日本独特で、僕はよく中学生としゃべっていて、英語でスピーチしてみろと言うと、彼らは、「アイ・ビロング・トゥ・何とかジュニアハイスクール」と言う。「ビロング・トゥ」というのが、英語としてはものすごく違和感がある表現です。でも、日本人は、所属ということにすごくこだわりますね。

あと、最近ツイッター上でものすごくやり合っているのですが、誰かが逮捕されたときに「何々容疑者」と言うのはおかしいと、僕は1年ぐらいずっと言い続けていて、そうすると、いろいろ反論をしてくる人がいます。だけど、僕は英語のニュースを挙げて、例えば、ジョンソンという人が捕まったとして、「ミスター」がついているのです。逮捕されたら「清原容疑者」みたいに報じないといけないというのは非常に日本的な考え方で、その背後にある社会と個人の関係とか、法秩序とデュー・プロセス（適正手続）の関係についての理解が、日本語圏と英語圏では全然違うので、その辺りが理解できないといけない。ツイッター上でやりとりしてわかるのは、その感覚を伝えるのが本当に難しいということです。いくら言葉を尽くしても、なかなか伝わらない。

そういう非言語障壁というのが一番大きなことだと思います。だから、僕も2か月間、自分のプロフェッサーをファーストネームで呼べなかったというのは、それぐらいマインドコントロールされていたということになります。2か月経って言えたときには、何か解放されたのでしょうね。

僕は、東大の理学部を出たあとに、女性にフラれたことがきっかけとなって、東大法学部の司法コースというところに行きました。東大法学部というのは東大の中でも最も東大マインドの強いところで、英米系の発想とは、もうまったくの別世界。

ですから、これは、ものすごく面白い論点だと思いますけど、英語問題は、結局、日本人のマインド・セットの問題だという気がしてならないのです。イタリアへ行くとイタリアのマインド・セットがあるし、ドイツに行くとドイツのマインド・セットがあります。

英語のマインド・セットは、ある意味では、近代において最も成功したマインド・セットです。善し悪しは別として。よく「アングロ・サクソン」と言われますが、金融にしても政治にしても、牛耳っていますよね。要するに、英語のマインド・セットはグローバルなスタンダードをつくっていて、よく言われるようにグローバル化というのは結局アングロ・サクソン化のことです。

近年、中国人や台湾人、韓国人ばかりでなく、それ以外の国の外国人で日本語学校に来る人の数が増えたのは、大きな要因として経済状況があるらしいですね。日本語学校で学ぶという名目で日本に来て、実際にはコンビニで働いている。それで仕送りしている。日本の経済状況と、インドネシアにしろタイにしろ、母国の経済状況との関数で、日本語を学ぶ人が決まるということがあるらしいのです。

そういう視点から見ると、なぜみんな「英語、英語」と言っているかというと、その理由は明らかに経済です。英語を学ぶとより良い生活が待っていると思われているから英語を学ぶ。なぜそうなったのかというと、結局、英語が言語として優れているからではなく、英語の背景にあるマインド・セットが成功したからです。善し悪しではない。英語のマインド・セットは、それが唯一のものではないけれども、近現代の世界秩序をつくったものであることは事実です。それなのに、それが日本の中にほとんど入ってきていないということのほうにビックリします。

明治維新以来、これだけ経っても、ほとんど本質は入ってきていないというのは、結局、日本人にとって英語問題というのは、その問題だということだと思います。それがなかなか理解されない感じがしますね。

ここで言っている「マインド・セット」というのは、ある種の世界の見方、価値観、行動様式、そういうものの複合体みたいなイメージでしょうか。しかも、それが多くの場合、暗黙知というか、言語化されていないことを含んでいます。

よく言われるのは、イギリスには成文憲法がありません。僕は法学部では英米法のゼミにいたのでよく知っていますが、アメリカ憲法はイギリスからの独立ということで明文化したけれども、イギリスはいまだに憲法上の条文がない。何が憲法なのかというと、コモンセンスが憲法です。コモンセンスが憲法であるという思想は、遡ると、言葉に書いたルールではなくて、暗黙の了解で社会が動いているということです。

その感覚が英語の背景にあるものなので、日本のようにルールが杓子定規に決まっていて、いちいち条文を参照して、形式的にこれが合っているかどうかが一番大事という文化と、イギリスの文化は真逆です。そこを理解しないと、なかなか英語を理解することにはならない。

僕の英語学習の履歴においても、それがわかったときの感動、感激が一番大きかったですね。言語としての英語の習得というよりは、そちらのほうが非常に大きな意味があった。

近代の日本人で言えば、白洲次郎（1902－1985）は明らかにイギリスで英語のマインド・セットを身につけてきて、戦後のGHQとの折衝においても、彼にはそれがあったから、向こうも一目置いたのだと思います。白洲次郎がケンブリッジに11年ぐらいいるあいだに身につけた、英語力ではなくて、英語的発想のマインド・セットが、恐らくGHQとの交渉で役に立っただろうと思います。吉田茂（1878－1967）もイギリス大使館にいたときに白洲次郎と知り合ったわけで、吉田茂の首相としての言動も、恐らくそれを背景にしているはずです。それが最も大事なことだと思いますね。

日本人の秩序感覚

日本人は、ルールさえ守っていればOKだという感覚が強過ぎますね。

ネット関係のビジネスの人に、なぜ日本からは、例えばユーチューブのように、新しいインターネットビジネスができないかと聞くと、これは文明的に言うと、秩序に対する感覚の違いが一番大きな原因だと言いますね。

「エアビーアンドビー（Airbnb）」という民泊みたいな仕組みも、日本だと、すぐ形式的に「旅館業法に違反するかどうか」ということが先に問題になってしまいます。

「ウーバー」という民間のタクシーみたいなものも、アメリカの人に聞いてなるほどなと思いましたが、それこそ、誰でも登録すればウーバーの運転手になれて、日曜などに小遣い稼ぎができるのですね。どこがポイントかというと、地元の人がやっていることだそうです。例えば、どこか郊外の街に行く。そこであなたが、駅前から市民プールまで行きたいときに、その地元の人が乗せてくれる。地元の人だから道をよく知っているのです。ですから、コミュニティ・タクシーみたいな感じなのですね。しかも、運転手も客も互いに評価し合うので、ある意味では、普通のタクシーより安心なのです。普通のタクシーはどんな運転手に当たるかわからないし、意外と道を知らない人かもしれないし、乱暴な人かもしれない。高評価を得ている人なら安心して頼めるから、かえっていいらしいんですよ。そういう理由で、アメリカでは急速に普及していますが、日本だと、あれは道路運送法でしょうか、タクシー業務適正化特別措置法でしたでしょうか、それに違反するからという形で大手の参入がないので、いわゆる白タクと同じだと思っているわけでしょう。

そういう理由で、なかなか新しいインターネットのイノベーションが普及しないのが課題になっていますが、それを遡っていくと、日本語と英語のマインド・セットの違いにぶち当たるので、意外に深刻な話だと思います。

東京オリンピックに向けて、少し規制を緩和すると言っているようですが、いろいろな人と話すと結論はこうなんですよ。

実は、一般のサイレント・マジョリティというか、大多数の日本人がそういう無許可の営業をしている人はイヤだと思っているのです。ちゃんとしたタクシーの許可を得ていない運転手に運ばれるのも、誰が経営しているのかわからない民泊の施設に泊まるのもイヤだと、一般の人が思っているから、日本では規制がなかなか外されない。逆に強化される場合もある。

政治というのは議員がつくっていて、議員は投票で決まるから、一般の日本人の意識が変わらない限りなかなか政策転換は難しいようです。結局、実はそれが英語問題につながっている。

社会の上層部に目を移すと、例えば、エジプトでも、インドでもそうですが、あるいは、いわゆる発展途上国と言われるところでは、エリートと言われるような人たちは欧米、特にアングロ・サクソンのどこかに留学したりしていて、トップダウンで国を動かしているわけです。シンガポールなどもそうです。

ところが日本は、幸か不幸か、大衆の力がすごく強いというか、一部の開明派の人が「こういうふうにしたほうが良い」と思っていたとしても、一般の人の意識がついてこないので、結局それができないという、ある意味では非常に民主的な国になっている。けれども、それが逆に非常に大きな問題のような気がします。

第3章

これが英語の「現場」だ

英語ができないと「現場」にいられない

現在、英語がなぜ注目されているかというと、科学技術との結びつきという意味で、非常に強烈な言語になっているからです。特にコンピュータ研究、人工知能研究は、イコール英語なので、もう我々が思っている以上に世界は変わってしまっています。

先日も学生に、「なぜ英語をやる必要があるのですか」と聞かれて、「英語ができないと、現場にいられないんだよね」と答えました。

先頃、面白い話題がツイッターに出てきました。大阪大学の研究プロジェクトが「スーパー日本人」をつくると言って、スライドを挙げていて、それがツイッター上でみんなにバカにされていたのです。「マジウケるんですけど」とか笑いもの扱いでした。まず、スーパー日本人をつくるということが、いまの最先端の科学技術のテーマになるはずがない。その辺で、もうピントがずれています。

次章で詳しく述べますが、人工知能が人間のプロに勝ってしまうアルファ碁のようなソフトを、グーグルが予想より10年も早くつくってしまいました。

ヒューマノイド・ロボットも、ものすごくリアルなものができています。アトラスという、最新のグーグルのヒューマノイド・ロボットはすごい性能です。雪道の上で、転びそうになりながらバランスを保って歩いて、押されても立ち直る。押されて完全に倒れてしまっても、自分で起き上がれる。そういう人類未到の新しいものを生み出す文明の力の背後に、英語の文化というのがあるのです。その感覚を身につけないと、なかなか最先端の波の中にいられない時代に来ている気がします。

非常に残念ですが、日本語の領域の中では、それに相当する動きが出なくなってしまっているから、そういう意味でも、英語を習得しておく重要性を強調しておかねばなりません。それこそ、福沢諭吉が幕末に、緒方洪庵が開いた大坂の適塾や、その後の江戸の慶應義塾で必死になって西欧文明の受容に努めましたよね。あれに相当する猛勉強をしないと、世界の最先端の流れに参加できない時代になってしまっていると思います。

単に現場で手段として使われているのが英語だというだけではないのです。それは、ドイツ語でもフランス語でもよいではないかということになりかねないけれども、そうではなくて、ある種の、社会の組織のされ方、人と人とのコミュニケーションのとり方、ジャッジメントの仕方、そういうものが英語という言語の中でダイナミックに動いているので、そこの現場にいないと、そもそも現代の人類文明の一番トップのところにいられない。

昔、僕が高校の頃、英語は、英文学を読むためのツールという意味合いもあったし、ビジネスや留学のツールという意味合いもあったと思いますが、ここに来て、相当、意味合いが変わってきている。文明の最先端の坩堝《るつぼ》のところで起こっていることを理解するためには、英語が必須だというように変わってきた。ここが理解できないといけません。

なぜ、こういうことを言うかというと、ニュージーランドとかオーストラリアに行って英語を勉強するというのは、恐らく、もう趣味の世界だと思うのです。同じ英語でも、文化に相当するところと、文明に相当するところがあって、文化に相当するところを学ぶというのは、趣味の世界。エミリー・ブロンテの文体について研究するというのは趣味の世界だと思うのです。それはそれで素敵なことですけれども。

けれど、いまなぜ英語が必要になっているかというと、それこそ、テッド（TED）などに象徴される、新しい文明をつくるものすごい胎動みたいなものが、幸か不幸か英語圏で起こっていて、しかも、そこにありとあらゆるバックグラウンドの人が参入してきているということがあります。

つまり、世界中から参加してくる。もはやネイティブ英語話者だけの話ではなくなっています。シリコンバレーなどは、インドから、中国から、もっと小さな国から、みんな入ってきている。そういう時代になっているので、グラフ理論的に言うと、世界が一つに結ばれて、単連結になったというイベントは、人類の歴史上1回しか起こらないので、英語の優位は変わらないという可能性が高い。そういう場に参加する人々は、もう誰もが英語を話す時代になってしまったので、それ以外の選択肢は考えにくい。

要するに、英語はもはや文化ではなく、文明だと認識すべき時代です。文化と文明を区別することは、かなり有益だと思います。

英語帝国主義論は一時の反動にすぎない

スペースX社およびテスラ・モーターズのCEOのイーロン・マスクが、「火星に人類を送る」という目標を掲げていて、今年（2016年）の春、宇宙ステーションに1年滞在していた宇宙飛行士が帰ってきましたが、なんと、身長が5センチ伸びていたんですって。何のために1年間いたのかというと、火星に行くときの医学的影響を調べるためらしい。

いまは火星に人類を送るというようなプロジェクトをいよいよ本気になってやり始めているので、最近アメリカの映画を見ていると、火星に行くというのが前提の映画ができている。マット・デイモン主演の『オデッセイ』という映画の原題は、Martianで、そのものずばり「火星人」ですから、もう、そういう雰囲気になってきてしまっている。

人間に追いつき、人間を追い越す人工知能の話も同様です。『エクス・マキナ』というイギリス映画があって、人間と同じ知性をもった女性のアンドロイドが、恋愛感情を利用して外に逃げ出すというストーリーですが、そういうことがすでに起こることが前提で、エンターテインメント側も物語を作り始めている。その世界というのは、イコール英語の世界なのです。

メガトレンドがそういう世界に向かっているというのは、もう動かしようがない。当然、人間は保守的だからそれはイヤなので、いま世界で起こっているナショナリズムの動きも、それに対する反動だと思います。

日本でも、昨年（２０１５年）には『英語化は愚民化』とか『英語の害毒』というような、「英語帝国主義」を批判する新書がよく売れたそうですが、それも僕は一過性のものだと思います。どんな流れにも、必ず反動は起こります。

イスラム国の問題も、恐らく、イスラム世界がいよいよグローバル化に巻き込まれて、普通の文明と融合していく過程で、自分たちの固有の価値を守りたいという人たちが一時的に、ああいう運動を起こしていると思います。あれは恐らく、そんな大きなトレンドにならないだろうと僕は読んでいます。

僕は、パプアニューギニアなどにも興味があって調べていると、あんな狭い地域に数百もの言語がある。それら数百の言語が、全部違う言語です。このままえバンクーバーに行ったとき、カナダのファースト・ネイションズ——いまはネイティブ・アメリカンと言わないのです——イヌイットというか、いわゆるアメリカ・インディアン、その人たちの言語が、ブリティッシュ・コロンビア州だけでも何十とあって、全部言葉が違う。

ある意味では、すべての言語が平等なので、英語だけが中心になるのはふざけるな、という気持ちは、何語を話している人にも、当然あるわけです。

ただ、日本が全部英語になるなどということはまったく主張するつもりもないし、日本語はずっと重要だし、日本語の表現も大事にしていきたい。でも、日本語は、よく考えてみたら1億2000万人も話者がいる言語だから、それよりもっと厳しい状況にある言語があるのですから、固有の言語の権利を言うのなら、日本語だけではなくて、他の言語にも目を配るほうがフェアだろうと思います。でも、ひょっとしたら、それも技術の力で、将来的には解決されるかもしれないですね。英語とあらゆる言語の自動翻訳を、グーグルなどがやってくれるかもしれないので。

いまの時代は、何か一つのことを成し遂げれば、得意なことがあれば、それで生きていける時代だと思います。それにしても、やはり英語ができないと、どうしても困難にぶつかります。コンピュータ・プログラムの仕様書がほとんど英語で書かれているということもそうですが、どんな分野でも、英語ができないとやりにくい時代にいよいよなったと思いますね。

コンピュータのプログラムなども、オープンソースで、例えば、もともとスウェーデンの人が始めたライナックスというオペレーティングシステムは、世界中の人が協力して開発したものです。それも当然英語でやりとりしているので、最先端テクノロジーの現場では、たとえブロークンなものでもよいから、英語ができないと、なかなか現場に立てない時代になってしまっていると思います。

インターネットは国境を越えるので、国境の壁というのはないけれども、言語の壁は残ります。日本語の情報空間と英語の情報空間は全然違っていて、英語の情報空間に行かないと、最先端で一番良い情報には、どの分野でも接することができない。

日本の漫画のサイトも英語のほうがたくさんあるそうですね。『少年ジャンプ』など、漫画によっては日本での発売前に販売される海賊版サイトがあり、英語版でよければ日本より早く読めるらしいです。これは海賊版ですからほめられたことではないけれども。

日本の言語政策の根本的見直し

インターネットが世界を結び、経済がグローバル化するに従って、日本人のマインド・セットのうちのいくつかはすっかり「時代遅れ」になっています。そのうちの一つが、「英語」の能力です。

ここで英語に「　」をつけたのは、いわゆる翻訳文化としての英語能力という意味です。

明治維新で、急速な近代化を成し遂げたことは日本の誇りです。その際、司馬遼太郎のいう「文明の配電盤」としての大学が組織され、英語を始めとする外国語の習得が行われました。初期こそ、外国人講師による原語での講義が行われていましたが、やがて急速に日本語で学問ができるようになりました。

今日、中国で使われる社会科学用語の7割程度は、明治期に作られた「和製漢語」だといいます。「科学」や「哲学」、「経済」といった言葉を生み出した先人の苦労には自然に敬意が込み上げてきます。曲がりなりにも母語で学問ができることの素晴らしさを、改めてかみしめたいところです。

ところが、日本語が高度に発達したことが、逆に日本人の呪縛になっているのです。

英語で直接発想し、やりとりを重ね、自分の意見を表明する。グローバル化した世界において不可欠なそんな言語能力が、日本の教育システムにおいては培《つちか》われない。その結果、例えば、日本に拠点を置きながら、英語で世界に広く思想を問うタイプの学者がほとんど見られないということが起きています。日本のプレゼンスにとって由々しき事態が生じているのです。

経済が、「ものづくり」中心のときは、まだそれでも良かったかもしれない。日本人がシャイで、英語で自分を表現できなくても、ただ黙々と優秀な製品を作り続けていれば良かったのですから。目の前の「ブツ」の卓越が、そのまま日本経済の能力の証明となった。日本人全体が、「言挙《ことあ》げ」をしない「職人」になったのです。

ところが、経済がソフト化し、ネットワーク化すると、「言挙げ」をしないと話が始まらない。どのような文明を目指すのか、そのための手段は何か、世界の「クリエイティヴ・クラス」が英語でやりとりする丁々発止の現場において、日本人の影が薄いのは、残念ながら厳然たる事実です。

もはや、日本はその教育課程における「言語政策」を根本的に見直す時期に来ていると言えます。翻訳を前提にした外国語習得ではなく、その言語で直接やりとりする、現場能力を身につけること。特に、世界の「リンガ・フランカ」(共通語)である英語については、「言挙げ」ができる程度の能力を身につけることを、国家としての目標とすべきです。

もちろん、日本語を捨てるということではありません。日本語による学問、文化、芸術は大切に守りつつ、一方で英語で直接やりとりし、自分を表現できるようにする。そのような基本的な技術を身につけて、初めて日本発のグローバル・スタンダードが生まれることが期待できるのです。

現状において、平均的な日本人は、人前で自分の意見を英語で表現し、やりとりし、評価しあうといった教育を一体どれくらい受けているのでしょうか。言語能力においては、宿命論（素質決定論）はナンセンスです。練習すれば、それだけうまくなるのですから。

たしかに、明治以来の翻訳学問は有効に機能しました。しかし、その賞味期限はもう切れている。教育における「言語政策」の見直しに、いますぐ手をつけるべきです。まずは大学入試の改革から始めるべきです。

第4章

人工知能は怖くない

人工知能に学ぶ外国語学習

今年（２０１６年）３月、グーグルが開発した囲碁ソフト「アルファ碁」が、人間の棋士では最強と言われ、何度も世界チャンピオンになっている韓国のイ・セドル九段と戦って、五番勝負で４勝１敗と、圧倒的な勝利を挙げました。世界中の囲碁ファンが見守るなか、イ・セドルさんのプレッシャーは大変なものだったでしょうが、「あのイ・セドルに勝つのだから、アルファ碁の強さはホンモノだ」と誰しもが思ったことでしょう。

このアルファ碁は、最高仕様の企業用サーバーを３００台つないで作られており、ＣＰＵ（中央処理装置）が総計１２００個あまりも搭載されているといいます。アマゾンのサーバーの換算だと60億円ぐらいかかるそうです。

このソフトは、二つの部分から成っていて、一つがポリシー・ネットワークといいます。囲碁の打つ手というのはものすごく可能性がたくさんあるから、それをど

「アルファ碁」と対局する韓国のイ・セドル九段（右）
2016年3月12日、ソウル（写真提供：AFP＝時事）

う絞り込むかが人工知能研究の大きな課題でした。ポリシー・ネットワークでは、ひたすら過去の上級者同士の囲碁の棋譜を何百万局と読み込んで、そこからパターン認識で、上級の人はこういうところに打つというパターンを覚えて、それで絞り込みをするというものです。

もう一つが、強化学習のネットワークです。この場合は、いろいろな手をランダムに打ちます。アルファ碁は、何十万局も自分自身と囲碁の対局を繰り返して、――一局の所要時間が２秒らしいですが――試行錯誤というか、こういう手を打つと勝つ確率が上がる、下がるということを評価して、どんどん良い手を絞り込んでいくのが強化学習の部分です。

これを英語学習に当てはめると、ポリシー・ネットワークに相当するところは、結局、ひたすら良い英語を読む、聞くということにあたります。アルファ碁は何百万局もそれを読み込むことでパターンを覚えました。英語学習でそれに相当するのは、英語のヒアリングマラソンというのがありますけど、とにかくひたすら聞く。ひたすら良い英文を読む。それを繰り返して、英語のパターンを覚えていく。これに当たります。これは必須ですが、必ずしもみんながやっているわけではありません。

今年（2016年）の東大の入試問題で僕は英語だけ見ましたが、一問目は要約問題で、はっきり言ってあまり良い英語ではありませんでした。僕がよく知っている認知科学の分野の英語で、わざとわかりにくいところを持ってきているような文章でした。恐らく、入試問題だから、そう簡単にわかられると困るから、意図的にファジーなところを持ってきている。そういう印象の問題文でした。英文としては全然良くないものでした。そういうのを読んでいるとダメなのですよ。

そういう英語ではなくて、優れた書き手の書いた良い英語を、とにかく大量に読まないといけないのに、日本人はほとんどやっていないですね。僕は高校のとき、三十冊ぐらい英語の本を読みました。いままで読んだ英語の本は、総冊数では千冊は行かないぐらいだと思います。日本語の本に比べると圧倒的に少ないです。これをもっと増やさないと、「良い英語」の感覚はまず身につきません。

もともと人工知能というのは脳の学習則を参考にしているので、例えば、絵描きだと良い絵をたくさん見ないと、良い絵がどういうものかわからないのと同じように、良い英語をたくさん読んだり聴いたりしないと、良い英語がどういうものかわかりません。

ポリシー・ネットワークはどちらかと言うとインプット系で、たくさん良いものをインプットする。強化学習のほうはアウトプット系で、書いたりしゃべったりして、その結果を文法的に正しいか正しくないか、良い英語かどうかという点からフィードバックをもらい、それによって自分の出力を修正する訓練ですが、これも日本人はほとんどやっていません。

ですから、日本人が英語ができないのは至極当然です。つまり、大量の英文を読んで、大量の英語を聞いて、大量に話して、書いて、それのどこが悪かったかを修正して、会話であれば通じたか、通じなかったかとか、ウケたか、ウケなかったかとか、そういうことがフィードバックされ、それによって自分の言うことが少しずつ変わってくる。日本人の場合、単純にその経験がないから、英語ができないというだけの話で、僕に言わせると、日本人は英語ができないということを、何か神秘化してしまっています。でも、やることをやっていないから、できないのは当たり前で、人工知能の成果からわかるように、やるべきことは意外と単純なことなのです。

今回の人工知能のアルファ碁は、人間だったら絶対そこには打たないような手を打ってきました。これを見たときに、イ・セドルさんはものすごくビックリしてしまって、思わず立ち上がってトイレに行ってきたそうですが、それぐらい予想外の手で、どうしたらよいかわからなかった。

その手は、単純に打ち手の意図がわからないものでした。しかし、あとからだんだんその意味がわかってくるような手だった。こういう手が、そのような単純な積み重ねの作業から生まれてくるのです。

つまり、これによって何が明らかにされているかというと、いま言ったような単純な学習の積み重ねで天才的な領域にも行けるということです。

作曲なら、良い音楽をたくさん聴いてパターンを覚えて、今度は自分が出力してみて、良かった、ダメだったというフィードバックをもらって修正するということをひたすら行って、天才的な作品が作れるということでしょう。

それだけの話なのに、英語ができる、できないということを日本人は何か神秘化してしまっている。

人工知能は、本来人間の脳がやっていることをパクっているだけなのです。それを、本家である人間のほうが忘れてしまっている。特に日本人の場合、まず、なぜそのようになっているか理由は簡単で、学習指導要領みたいに、「学年のこのときまでの単語はこれまで」という制約、標準化が進んでしまったために、平均的な学習者が触れる英語会話、発話のレパートリーが非常に狭いものになっているのが大きな問題だと思います。

そこの幅を広げて、数を広げれば、入ってくるサンプル数も自然に増えるので、英語の学習が進むことになります。

逆に、出力で言うと、すごく羞恥心《しゅうちしん》が強いというか、恥ずかしがり屋なので、ちょっとの間違いをいちいち気にしてしまう傾向がある。

人工知能は地道に努力しています

僕が英語のブログを書いていると、ネイティブの人は内容にしか反応してこないのですが、日本人でちょっと英語ができると思っている人はあら探しをしてきます。第1章でもお話ししましたが、それが本当にくだらなくて、ネイティブのほうが英語をわかっているわけで、どの人の英語でもべつに完璧ではなくて、あら探ししようと思えばできます。

日本人のそういう反応は、ある種ほんとに面白くて、細かい。「ここは、文法的にこうなんじゃないか」とかで、内容にはまったく触れてこない。それは何を表しているかというと、日本人は、自分の発している英語が正しいか、正しくないかということを神経症的なまでに気にするということです。そういう、他人のあら探しをしてくる人が自分で何かを発信しているのかというと、何も発信していない。

ですから、その辺の心理的なバリヤーを乗り越えないと、真の英語上達はなかなか難しいと思います。誰でも最初はぎこちないわけですよね。

人工知能にコンピュータ画面上のブロック崩しをやらせると、最初はすぐ失敗してしまうのに、あっという間にブロック崩しの技を覚えて、最後は、ブロック崩しのトンネルを掘って球を向こうにやると、ピーッと一気にブロックが崩れるということも勝手に学ぶわけです。最初にピッと球が行って、すぐ戻ってきて、返し損ねてダメになってしまうということを何回か経験して学習しないと、その段階に行けません。この球が、すぐダメになってしまうというステージが心理的に耐えられないまま、同じ段階で足踏みしていては、次の段階に進めないのです、日本人の英語に対する態度はまさにこの、逡巡している段階そのものです。何なのでしょうか？　脳の仕組みから言うと、段階を超える場面が一番面白いところなんですけどね。

「良い英文」とは何か

たくさんの英文を聞く、読むことが大事だというと、「良い文章である」というレベルはどこかという問題が生じます。これもまた難しい問題ですが、よく学生に言うのは、専門家が良いと言っているものは、一通り、そこから学ぶしかないということです。

例えば、最近の音楽が好きだという人に、音楽の専門家はモーツァルトやバッハ、ベートーベンの音楽が良いと言っているのだから、それを聴いてみたら、と薦めます。何百年も経って、本当の専門家が良いと言っているわけだから。ジャズやロックでも同じことが言えます。良いものを聴くとわかる。

英語も、名文と言われているものがありますね。まず、それを信じて読むしかなくて、推薦リストのようなものにきちんと目を通します。そこから先の審美眼というのは、まさに感覚の問題なので言語化もできないし、点数化もできないし、人によっても違う。でも、とりあえず自分の中での基準をつくっていくしかないものだから、そこは美術品に向き合うのと基本的に同じ態度だと思います。

モーツァルトの音楽が一番高度であると専門家が言っているのであれば、それを信じて聴いてみるしかないのと同じように、英語も、僕はキャサリン・マンスフィールドの「ガーデン・パーティー」という短編が好きですが、英文学者の中で一致して評価が高いものです。ジェイムズ・ジョイスはちょっと難解ですけど、『ダブリン市民』などは非常に評価が高いわけです。そういうものを信じて読むしかないですね。

学習のルーチンというか、やるべきことというのは、実は決まっていて、誤差から、自分と正解との差から学んでそれを修正していく、集中して一つのことを繰り返す、とにかく何回も場数を踏む、それに尽きます。

さっきも言ったように、人工知能は人間がやっていることを真似して、それをただ地道にやっているだけなのに、人工知能の「先生」だったはずの人間がそれをせずに、英語ができないと言っているのは、ある意味滑稽です。だいたいそういう人の話を聞くと、そもそも努力をしていないという事実がある。「人工知能みたいに地道に努力したらいいんじゃないですか」ということです。

べつに何かマジックがあるわけではなくて、ごく普通のことをただやっているだけです。回数を重ねること、集中してやること。ちゃんと自分の間違いを知って、それを修正する。人工知能はそれだけのことしかやっていないので、それをやれば誰でも英語はできるようになると思います。

人工知能は単純だから、言われたことを、ただ黙ってやっているだけです。その学習則は本当に単純で、たまたまうまくいったら、それをよく覚えておいて、それをさらにやるようにするというだけの強化学習です。人間のほうが、この単純な強化学習をしていないということだと思います。

自動翻訳ができれば言語習得は不要になるか

恐らく、グーグルあたりが、そのうち自動翻訳の高度なソフトを出してくると思います。例えば、日本語をしゃべると自動的に英語になるとか、英語をしゃべると自動的に日本語にするとかのソフトです。一部ですでに実用化されています。ただ、トレーニング・ジムというか、脳を鍛えるという意味で、多言語習得をされる方がいなくなることはないと思います。

つまり、走るということは、昔は飛脚とか、実質的な意味があったけれども、いまはあまり意味がない。腕力があるということも、昔は力仕事をやらないといけないから意味があったけれども、いまは意味がない。お金持ちで余裕があって、さらに健康に関心がある人は、身体を鍛えている。いまのライザップ・ブームもそうですよね。べつに体を鍛えても実質的には意味がないけれども、自分のためにやりますよね。

ですから、多言語習得も、ひょっとしたら近い将来に人工翻訳で実質的には必要がなくなるかもしれないけれども、それでも、自分の脳で英語を理解するとか、そういうことに価値を見出すということはずっと続くだろうという気がします。

英語以外の多言語習得についても同様です。英語だけではなく、英語にプラスしてアラビア語だとか、ロシア語だとか、中国語だとかの複数言語を習得する人がいなくなることはありません。世界には、複数言語を操れないと生活できないという地域がたくさんあるからです。それだけではなく、現地の人と直接、その人たちの母語でやりとりすることの価値が減じることはないでしょう。

バイリンガルの人の脳は認知症になりにくいというデータがあるので、そうなると、バイリンガルにしておいて脳のメンテナンスをしておいたほうが、クオリティ・オブ・ライフが高くなる。そう判断を下して、それなりに努力をする。その脳はすぐには手に入らないけれども、その努力をしようという考え方は常に必要になるだろうと思います。

最近の教育のことを考えたときに、いろいろな意味で、恐らくこれから日本の教育はうんと厳しいところに追い詰められる可能性が高いと判断しています。というのは、日本の大学市場と欧米の大学市場が分かれていたときはよかったけれども、日本の大学教育でも、欧米の大学教育でも、どちらも英語によるリベラル・アーツを教えるということになった場合に、冷静に考えてみると、日本の大学は、欧米の歴史があり定評がある大学とは比べものにならない。どちらが優れているかという点では、恐らく勝負になりません。いままで軟式テニスをやっていたのが、いきなり硬式テニスになってしまったみたいなものです。

そうなったときに、英語がそれほど優れた言語というわけではないけれども、もう実質的にそうなってしまっているものは仕方がないというか、それによって脳を鍛えておかないと、立てるステージにも立てないという状況になってしまう、それは日本人にとって、とてももったいないことだという気がします。そういう時代の流れというか、宿命だろうと思います。

何歳になっても英語は始められるので、とにかくやり始めるべきですよね。

サイレント・ピリオド（沈黙の期間）

言語習得においてサイレント・ピリオド（沈黙の期間）というのがあると言われています。聞いたり、読んだり、受け身のことばかりやっている時期です。子供のときもそうですね。最初は親がしゃべっているのを聞いているだけで、自分が話し出すまでにひどく時間がかかる。母語習得もそうだけれども、外国語習得においてもサイレント・ピリオドがあると言われていて、そのときには、どちらかと言うとインプット系の情報をどんどん脳に蓄積している段階ですね。

サイレント・ピリオドのときに学習者が何をしているかというのを研究している論文がいくつかあって、自分で自分に言葉を話しているということが見られるそうです。例えば、外国語の教室で先生が何か言っていて、その本人はまだちゃんとそれを言えないときに、例えば、マイクをひそかに仕込んでおいて、何をしゃべっているかを盗み聞くと、自分で自分に言っているそうですね。先生が言ったことをリピートしたり、その先生の質問に対する答えを、手を挙げてみんなの前では言わないけれども、自分自身に対しては言っている。そういう自分との対話というプロセスを経る、それも含めてサイレント・ピリオドと言われています。

これは認知科学的には面白くて、脳の中でつなぎ替え、組織化が行われていて、ちょうど蝶が幼虫からサナギになるような状態と言えます。サナギのときは、外から見ると何も動きがないけれども、中では幼虫の細胞がなくなって成虫になっている。それと似たようなことが、どうもサイレント・ピリオドでは起こっているのではないかというわけです。

イマヌエル・カント

外国語習得だけではなくて、例えば、カント（1724－1804）がケーニヒスベルク大学の教授に就任して就任演説をします。1770年、46歳のときのことです。その演説でカントは自分で気づくのですが、イギリスの経験主義的な哲学と、大陸の観念論というか、概念などを大事にする哲学のあいだの関係性が、自分の中ではよくわかっていないことに気づきます。その時点でカントはかなり有名な学者でしたが、それから10年ぐらい沈黙の時期に入って、10年後に『純粋理性批判』を出すのです。就任演説から11年経っていたといいます。その間はサイレント・ピリオドで、ほとんど何もアウトプットがないのです。『純粋理性批判』で、経験的知識と理性的な知識の関係を、いわゆるアプリオリとか、アポステリオリという概念で整理するわけです。そのあとは、『実践理性批判』『判断力批判』という3部作になるものを矢継ぎ早に刊行しました。

そういう哲学的なことでもサイレント・ピリオドがあるのでしょう。ヴィトゲンシュタイン（1889－1951）にもサイレント・ピリオドがありました。

そういう意味で言うと、すぐにアウトプットできなくても、とにかくいまはサイレント・ピリオドだと思って、とにかく聴く、読むということが大事ですし、そのとき、人に言うのが恥ずかしければ、自分の中でリピートしてみればよいと思います。それは人工知能も同じです。今回のアルファ碁が、結局どうやって強くなったかというと、自分自身と碁を打って強くなっているのです。それと似たようなことかと思います。つまり、自分自身と英語で話せばよいのではないか、ということです。サイレント・ピリオドにおいてはそのように辛抱するということも必要です。

下手くそな時期を我慢しないと上手くならない

次はアウトプットです。アウトプットは道具的学習（インストゥルメンタル・ラーニング）といって、これをしないと、学習は最終的には身につかないということもわかっているので、サイレント・ピリオドは道具的学習の準備段階だというように理解されています。いきなりやるよりは、何か見本というか、インプットをある程度蓄積する。それを熟成させる時期がどうも必要なようです。

英語学習については、いろいろ相談を受けることがありますが、最も多い質問が「上達しないんです」ということです。でも、それはサイレント・ピリオドの可能性があるので、そこは我慢して続けるしかありません。下手くそなときを我慢しないと、上手いところには行けないのです。そのときに、誰かにバカにされたりするとイヤになってしまうのでしょうね。

サイレント・ピリオドを越えるだけの入力というのがどのぐらいかは、個人差があります。ですから、諦めずにやるしかないのかなと思います。

僕がときどき使う譬えは、「ポーカーで5枚揃って手ができた状態」を「話せる状態」とすると、5枚揃わない限り話せないわけですが、脳の中では、実はもう2枚揃ったり、3枚揃ったり、4枚揃ったりしているかもしれなくて、あと1枚なのかもしれない。実は、2枚揃っているとか、3枚揃っている、4枚揃っているということはわからないようになっているわけです。脳自身は、5枚揃って初めて気づく。そういう意味では、とにかく諦めずに続けると、いつかはウワーンと晴れあがるように、できるようになる可能性が高い。

普通にみんな話せるようになっているのですから、諦めないということがすごく大事だと思います。

言語習得遺伝子

聴くことと読むことは関係すると言われますが、モーターセオリーという理論があります。人間が何かを認識するときには、実は、自分がどうそれを、身体を使って表現するかをシミュレーションして認識しているという考え方です。そのために脳にはミラーニューロンという鏡のような働きをする神経細胞があることがわかっていて、相手が話しているときは、あたかも自分が口を動かして同じような発話をしているかのように認識しているという理論です。

読んでいるときも、音声化して読んでいる時期がありますね。読書の歴史に関するヨーロッパの本を読むと、中世、近世の人は黙読ができなくて、必ず朗読していたと書いてあります。近代に入って19世紀の初め頃から、黙読が文化的に広範囲に習慣化されるようになったという話があります。

人間は基本的に、認識するときは自分の身体を使ってそれを表現するということを、無意識のうちにやっている可能性が高い。ミラーニューロンの仕組みを考えても、シャドウイングとか、ミラーリングみたいなことは無意識のうちに起こっている可能性が高いので、逆にそれは、英語を習得するときには大いに活用したほうが良いということだと思います。

よく音楽関係の人が言うのは、音楽を聴いていて、黙って鑑賞している人より、自然に身体が動くような人のほうが向いているというか、習得できると言いますから、それもいまの話にちょっと近いと思います。

言語習得の遺伝子と言われているFOXP2遺伝子は、言語習得の決め手となる遺伝子だということについては論争があります。

イギリスのKEという家族が、その家系の半分のメンバーに発話障害や言語障害が認められた。調べてみると、その原因が、この家系に共通の、遺伝したFOXP2という遺伝子だったというところからこの話は始まりました。子供のときに言葉を出したりすることが難しくて、それが筋肉とか末梢の問題ではなくて、脳由来の問題であり、言語習得が苦手になる、発達言語統合運動障害というものだと診断されました。

ＦＯＸＰ２は脳のさまざまなところに発現していますが、歌を歌う鳥などでも、ＦＯＸＰ２がすごく重要な役割を果たしているというデータがあるようです。バードソングというのは言語の進化を考えるときに参考になる。もともとあれはオスがメスに求愛するときに使われていて、文法構造が人間の言葉と共通のところがあるというので、ジュウシマツなどがかなり研究されています。そこにＦＯＸＰ２が絡んでいるというデータがあるようです。

言語とどう直接関わるかというのが、まだ研究中のようですが、とにかく、ＫＥという家族はＦＯＸＰ２に問題点があることがわかっているようです。

結局、ミラーニューロンはイミテーション（模倣）と、マインド・リーディング、相手の心を読み取るのに使われる。

ですから、まだ調査中ですが、おそらく、ＦＯＸＰ２は、ミラーシステムを含む言語関連神経回路に関与している。言語だけに関わる遺伝子ではないと考えられています。

もともと言語には乗っ取り仮説というのが従来から唱えられています。

進化の過程で、他の理由で発達してきたさまざまな機能が脳の中に準備されていき、それを言語があとから乗っ取ったという仮説です。言語を成立させるためにはさまざまな条件が揃わないといけませんが、それを乗っ取ったという仮説が有力なのです。

そういう意味では、ＦＯＸＰ２も言語単独の遺伝子ではなく、いろいろなことに関与している可能性があると思います。ＦＯＸＰ２は、哺乳類ではかなり保存されている。要するに、配列が同じだということは、逆に言うと、かなり重要な役割があるからで、進化の過程でそれが変化することがなかったということを示唆していると思われます。いずれにせよ大事な役割を果たしている遺伝子だということは間違いないと思います。

一時期、ＦＯＸＰ２が言語遺伝子みたいなことが言われた時期がありましたが、そこまでの単純な結びつきではないと推測されます。

漱石の『文学論』に「Ｆ＋ｆ」というのがあって、Ｆというのは客観的な状況、例えば、景色があるとか、誰かが何かを言ったとか。ｆは、それによって引き起こされる感情。例えば、悲しいとか嬉しいとか。そのＦとｆの関係で文学を整理しようというのが『文学論』の大前提です。

そういう意味では、言語というのは、スモールエフ（ｆ）、それによって引き起こされる感覚、感情というものと非常に深く結びついているということだと思うので、相手が痛みを感じているのを見て共感するというか、かわいそうだと思うときの脳活動を見ると、痛みそのものを感じる回路が活動しているわけではないのです。脳の中には、痛みそのものと、痛みによって影響を受ける感情の部分があって、漱石の言葉で言うと、Ｆが痛みそのものだとすると、それによって引き起こされるさまざまな感情がｆです。そうすると、自分が実際に痛ければ、それは自分の痛みだから共感ではありません。誰かが怪我をして痛いときに、「ああ、かわいそうだ」というときの共感は、実は、痛みそのものではなくてｆのほうなのです。それによって引き起こされる感情が自分の中にも起きている。そこが大きな違いなのです。

そういう意味では、言語と共感というのは非常に深い関係があるので、英語を習得するときにも、本当に英語の言葉によって引き起こされる感情を自分で追体験しているというのが非常に有効だと言えます。文法的に正しい、正しくないということではなくて、本当に「アイラブユー」と言うときの気持ちを追体験してみることが、脳の仕組みから言うと大事なはずなのですね。

これは、自分が一回使ってきちんと通じたフレーズは忘れないというのと同じだと思いますが、記憶として定着するんですよね。そうすると、今度同じ音声を聞いたり、見たりしたときに、そのときにまつわる感情がワーッと一緒に引き寄せられるのでしょう。もともと記憶は、扁桃体という感情の中枢と、海馬という記憶の中枢が深く結びついているので、感情を強く揺さぶられたものは必ず記憶されやすい。

ですから、2001年9月11日の同時多発テロの映像を最初にどこで見たかということは、たいていの人が覚えているわけです。それは、扁桃体が非常に強く刺激されて、それが海馬に行ってよく記憶が記録されたわけです。でも、1日前、9月

10日の記憶はほとんどないはずです。それは、阪神大震災、東日本大震災の当日の記憶もそうです。

そういう意味では、言語習得において感情の部分が非常に重要なファクターになるはずです。そこが日本の英語教育には欠けているかもしれないですね。ドラマ・エデュケーションというのが、日本では一般的に軽視されていますが、欧米では、例えば、シェイクスピアを子供たちが上演したりします。

言語習得はオープンエンド

オープンエンドというのは、脳科学の非常に大事な概念で、簡単に言うと、100点満点がないということです。日本人はどうしても生真面目なので、検定に受かるとか、そういうことを目標にしがちですが、脳科学の立場から言うと、そもそも言語というのはオープンエンドで、100点満点がない。逆に言うと、終わりがないということは、どこから始めても良いということです。ネイティブの人と話すと、ネイティブは英語が得意なはずなのに、例えば、シェイクスピアに対してはものすごい劣等感をもっています。今日英語で使われるようなフレーズや単語で、シェイクスピアが始めた言葉というのはたくさんあって、よくイギリス人は、「シェイクスピアの英語の先生って、最悪だったよね」と言って笑います。つまり、シェイクスピアに英語を教えるというのは大変だという意味です。

日本人は真面目なので、100点満点があって、100点を取ることが英語を習得することだと思いがちだけれども、始まりもないし終わりもなくて、どこから始めても良いし、べつに「英語を習得した」ということもないというのがオープンエンドという概念です。

認知科学的に言うと、知らない単語が出てきたり、わからないことがあるというのは普通のことだという認識をもつことが、特に初学者の場合は大事です。面白いのは、ネイティブでも、実はわからないことがたくさんあることです。訛りが違うから、イギリス人がニュージーランドに行くとわからないし、ちょっと専門が違うことを話されると、何を言っているかよくわからないということがある。「よくわからない」という状態は、実は、ごく普通のことなのです。ところが日本人は完璧主義なので、わからないというと、何かすごくまずいことなんじゃないかと思ってしまう。

一番まずいのは、英語の教材を使うときに、自分が完璧にわかるものしか使ってはいけないと思い込むことです。それが、オープンエンドの学習という意味では、うまくいかない理由の一つだと思います。

私自身、いまだにわからない単語はいっぱいあります。恐らく、日本人の中ではかなり英語ができるほうですけど、読んでいるとわからないことがたくさんある。それは、日本人だからわからないというよりも、ネイティブでもわからないことがよくあるらしいんです。そもそも言葉というのはそういうものだと思うと、気楽に始められると言えます。それがオープンエンドということです。終わりがないということだと思います。

最近、日本で英語教育をやっている方に聞いて非常に印象的だったのが、日本人の子供が将来ハーバード大学などに留学しようとすると、小学校6年生の時点で英検1級ぐらいの力がないと行けない計算になるという話です。僕は大学生のときに英検1級を取りましたけど、その状態に小学校6年生のときになっていなければならないというのは大変だなと思います。

やはり僕も日本の英語教育を受けたので、英検1級を取ったときに、「ああ、これで僕は英語をある程度マスターしたんだ」と思ったのですが、実はその先もまだあって、武蔵野の逃げ水みたいに、ここに行くともっと先があるという感覚でした。そう考えると、小学校6年生で英検1級を取るぐらいじゃないと、ハーバードに行く英語力はつかないというのは、ものすごくわかりやすい譬えだなと思いました。日本人にとってはショックですが、そのぐらい英語というのは、その先の学びがあるということを知っておいたほうが良いと思います。

例えば、アメリカの大学入試で言うとＳＡＴというボキャブラリーテストがあって、一生に一度しか目にしないような単語が並んでいるわけですが、そこから先が非常に長いと思うんですよ。

僕は、先日フランスから帰ってくるときに、飛行機の中で「キャッチフレーズ」

というイギリスの番組があって、それを見ていました。アニメーションが出てきて、「早起きは三文の徳」のような諺《ことわざ》や言い回しを一般視聴者が答えるクイズ番組でしたが、見ていると半分以上わからないんですよね。それを視聴者代表の回答者がポンポン答えていました。

日本のＮＨＫで同じようなタイプのクイズ番組をやっていたら、もっとわかると思いますけど、やはり、まだ英語はわからないことがいっぱいあるなと思いました。そういうことを知ることが、逆にモチベーションにもなるという感じがします。

もう一つ重要なことは、脳のドーパミン系という、自分ができないことができると嬉しいというシステムは、結局、知らないことがわかるというところが一番嬉しいということです。しかし、１００点に近づくとだんだん知らないことがなくなってくるから、ドーパミンの放出が減ってしまうと思いがちですが、その理屈で言うと、オープンエンドの英語学習は一生ドーパミンを出し続けることが可能ということです。そういう意味においては、言語学習は一生ものだと言えると思います。

バイリンガル話者の尾状核切り替え

いわゆるバイリンガルの人というのは、言語の切り替えが非常に得意です。反対に英語学習の初学者は、英語をやっているときもまず日本語で考えてしまう。よく大学生と話していると、英語を話すときにまず日本語で考えて、それを英語に直すから時間がかかる。逆に、英語を理解するときも、英語を聞いて、それを日本語に訳すから時間がかかる。バイリンガルは、日本語モードと英語モードをきれいに切り替えられる状態のことで、そのとき鍵となっているのが、尾状核《びじょうかく》と呼ばれる、脳の真ん中にあって、いろいろなところと結合している領域です。動物の尻尾のような形状なのでこう呼ばれます。

例えば、車の運転をしているときに、日本は左側通行で、アメリカに行くと右側通行なので、アメリカで運転していると、最初は特に、左折するとき左のレーン(対向車線)に入ってしまいがちです。右折はそのまま近いほうに行けばよいので

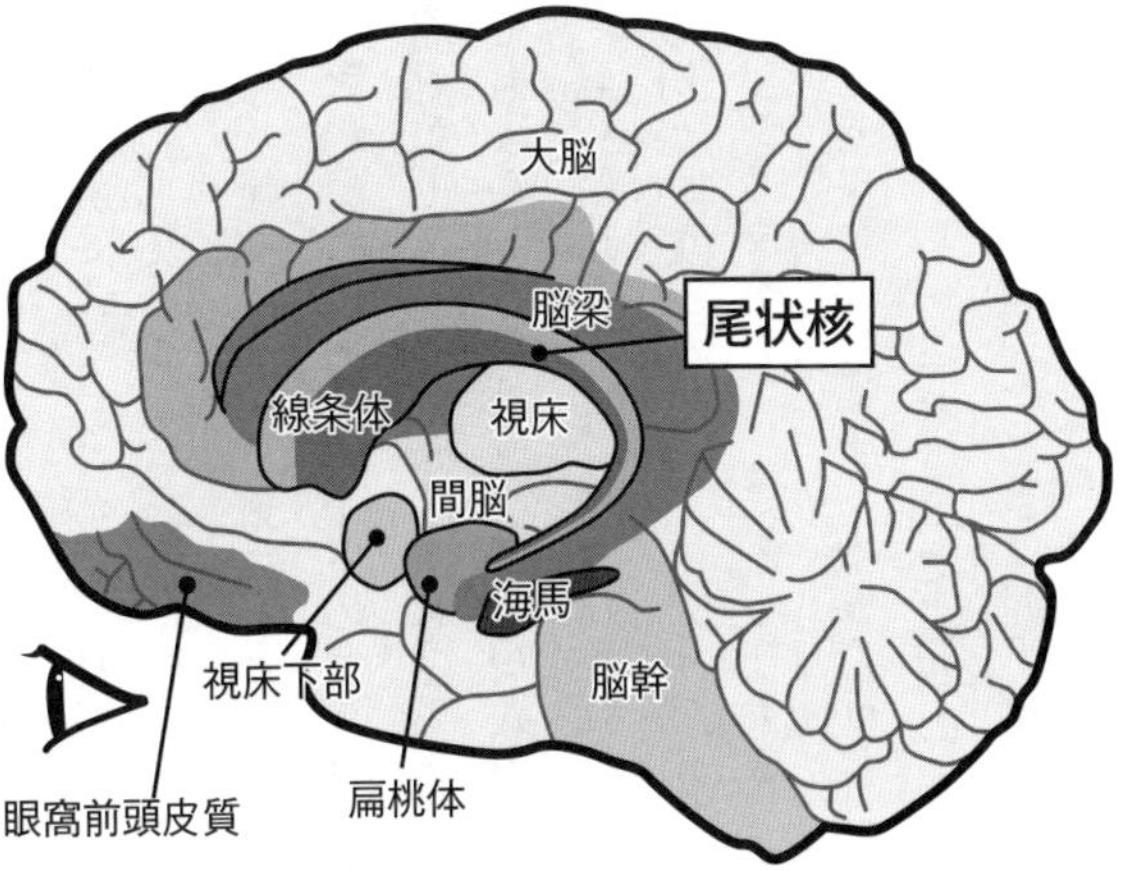

尾状核の位置

すが、左折のときに、つい左のレーンに入ろうとしてしまう。それがだんだんとアメリカの右側通行に慣れていきます。

ところが、日本に帰ってくると、今度は逆に右側通行に慣れているから、左側通行に違和感が起きる。これを何回か繰り返していると、脳は瞬時に右側通行と左側通行を切り換えられるようになるわけです。

バイリンガルの脳はそれに似ていて、英語モードと日本語モードを瞬時に切り替えられるようになる。そのときの鍵となる回路が尾状核だということとです。尾状核が何らかの理由で損傷してしまった患者さん、尾状核が働かなくなった患者さんというのは、切り替えがうまくできなくなってしまうことがわかっています。英語と日本語が混ざってしまう。ですから、バイリンガルを目指そうとしたら、尾状核を切り替えるというのが非常に良いのですが、どうしたら鍛えられるかというと、英語モードのときは徹底して英語モードにする。日本語モードのときは徹底して日本語モードにするということを、一日のうち、それこそ1分でも10分でもよいから繰り返すことが大事だと思います。

高校時代、すごく優秀な生徒でしたけど、ずっと日本語モードで英語をやっている男がいて、例えば、「ベースボール（baseball）」の綴りを覚えるときに「バセバ、ジュウイチ」と覚えたりする。よく受験テクニックでありますけど、そういうことをやっていると、なかなか尾状核がうまく切り替えられないということです。

それから、これは単に言語の問題ではなくて、社会的な問題でもあって、例えば、初めて会ったときに握手をするとか、ハグをするとか、あるいは、すぐにファーストネームで呼び合うとか、そういう言語コミュニケーションの社会的なやり方の習慣みたいなものも、英語モードと日本語モードを切り替えないとうまくいかないので、そこも含めて尾状核の切り替えが非常に大事になります。

私も、徐々に切り替えができるようになってきたように思います。ある研究によると、何歳から始めても、練習すれば上手く切り替えられるようになるというデータもあるので、諦めずにやることが大事ではないかと思います。

日本語を交えながら英語を学ぶのは、最初はよいと思います。例えば、映画の日本語字幕があると邪魔だという考え方もあると思いますが、英語にだんだん習熟してくると、もう目に入らなくなってくるというか、英語は英語でちゃんと聞き取れているので、日本語字幕がそこにあっても、べつにそれは邪魔にならないわけです。

最初は、英語の映画を観て日本語字幕で理解するのはよいことだと思いますが、徐々に、英語を理解するときに、まず日本語字幕がない状態で観る。さらにそれが進むと、べつに日本語字幕があっても邪魔にならないという状態になっていく。そのように段階を踏んで勉強していくのがいいと思います。ですから、最初は日本語に頼っていても、最終的にはその日本語があっても決して邪魔にはならないような状態に持っていくのが最後の目的だと思います。

往々にして生真面目で、優秀な英語学習者は、途中で日本語を交えることに抵抗を覚える人が多いようですが、それは重要なことではないと思います。例えば、外国帰りでカブれている人には、相手に名刺を渡しながら「ああ、どうもすいません」とお辞儀をしたりすることも嫌がる人がときどきいます。それはまだ尾状核の切り替えが充分にできていない状態なので、本当に切り替えられる人は、アメリカに行ったらアメリカ的なコミュニケーションができるし、日本に帰ったら、名刺を渡したり、お辞儀をしたり、コミュニケーションができる。瞬時に切り替えて、どちらもそれなりにできるというのが理想的な状態だと思います。

僕が小学校、中学校のときに英語に興味をもって読んでいたものは、当時はまだバタ臭いというか、「アメリカ人になることが英語習得の目的だ」みたいなことを書いているような感じのものが多かったけれども、それはもはや時代遅れだと思います。要するに、日本人であることを捨てる必要は全然なくて、だから、車の運転がわかりやすい譬えかなと思います。

今年（２０１６年）のカンヌ映画祭に行って、コンペの公式上映を観てきましたが、いまはフランス人もドイツ人もみんな普通に英語を話すのですよね。べつに母語ではないけれども話せるので、その程度のものだと割り切って、早く習得してしまうのがいいですよ。

日本人は、逆に、英語習得はすごく価値があるものだと思い過ぎているのかもしれないですね。

僕はときどき言うのですが、いっそのこと英語を入試科目から外してしまったほうがいいと思うのです。そうすれば、みんな隠れキリシタンのように、隠れてでも英語を勉強しますよ。試験のための英語ではなく、本物の英語をね。

第5章

英語脳の正しいつくり方

望ましい困難

２００６年に出たアインシュタイン（１８７９－１９５５）の脳に関する論文があります。アインシュタインの脳は保存されていて、それの解剖学的特徴を調べたところ、言語関係の領域が普通の人と違っていて、どうも言語を習得しにくかったのは、生まれつきのハンディキャップだったようなのです。ところが、顔や舌の動作を司《つかさど》る領域などは広がっていて、どうもアインシュタインの脳は、言語の習得ではハンディキャップを負っていて、直感的なイメージで考えるようになったということが、相対性理論の才能の開花に結びついたと考えられているようです。

認知科学では「望ましい困難」（ディザイアラブル・ディフィカルティーズ）という概念があって、才能を開花させるためにはある程度困難があったほうがよい場合もあるという考え方がある。ですから、アインシュタインは言語習得が苦手だったが故に、イメージで考えるようになったという、「望ましい困難」の中にいたとい

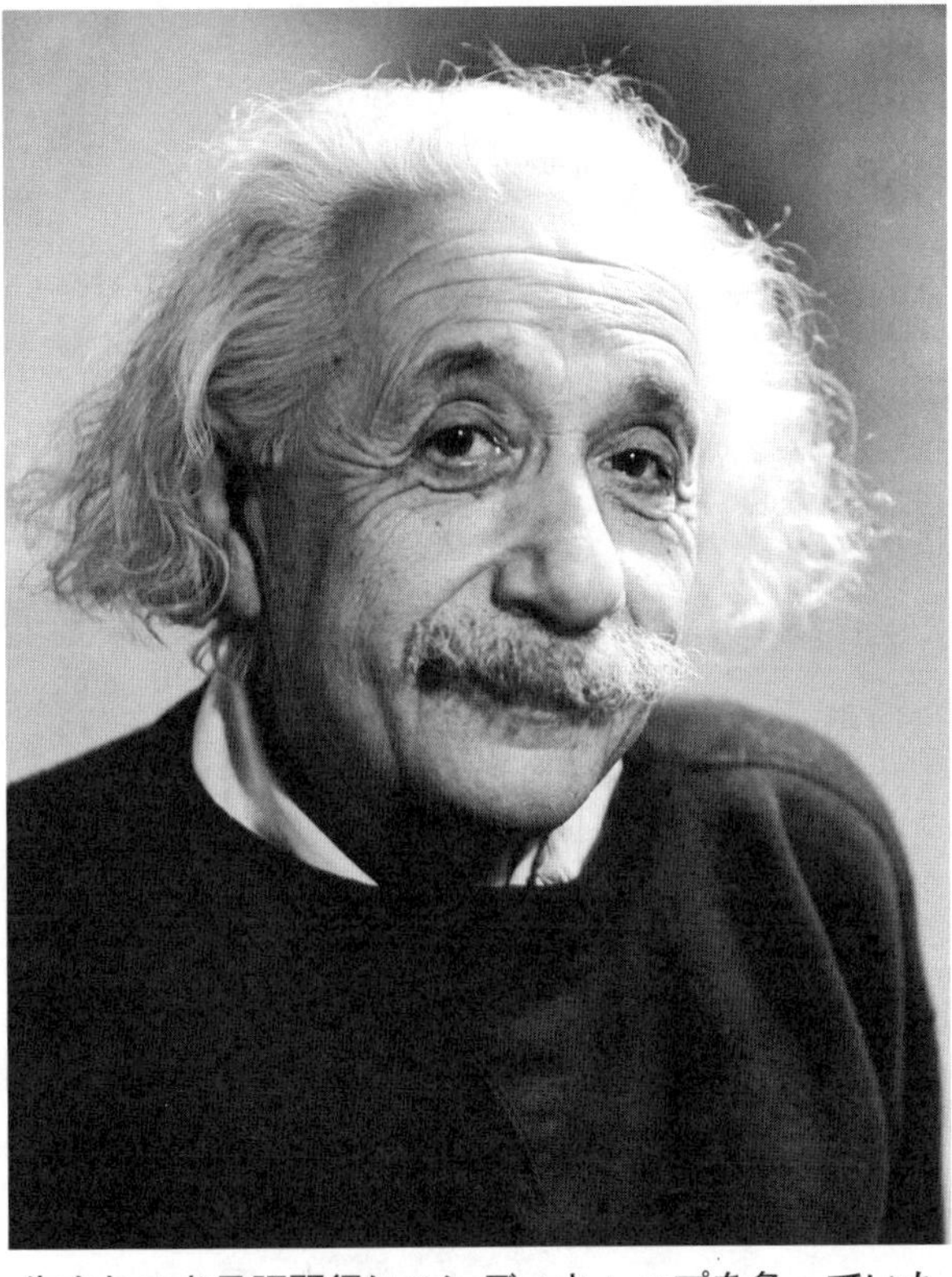

生まれつき言語習得にハンディキャップを負っていた
アルバート・アインシュタイン
（写真提供：dpa／時事通信フォト）

うことだと思います。

僕自身は、言語習得はそれほど苦労しなかったですが、恐らく、言葉が話せるということとコミュニケーションができるというのは別問題で、これは脳機能としてもモジュールとしても違うのですね。僕はかなりコミュニケーションは苦手なほうだったと思います。本をたくさん読んで言葉は知っているけれども、友達とはあまりきちんとしゃべれないタイプの子供だった感じがします。脳の個性というか、得意なところと不得意なところの組み合わせというのは、極端に言うと、人の数だけあると言ってもよくて、言語も、ボキャブラリーがたくさんあるからといってコミュニケーションが得意なわけでもないし、逆に、コミュニケーションが得意な人が必ずしも言葉を駆使することに長《た》けているわけでもないので、そこがとても面白いところだと思います。

ですから、大前提として、言語習得が苦手だと思っている人も、実はある才能があるケースもあって、それは一生表に出ない場合もある。

アインシュタインの場合は、たまたまその才能が開花したということですね。5

歳までしゃべれなかったということは証言でわかっていて、しゃべるときも、これは非常に典型的ですが、人に何か言うときに、あらかじめ自分の中でリハーサルしてから言っていたそうです。ある種、自閉症の子供のコミュニケーションの典型的なパターンなので、アインシュタインはかなりの確率で高機能自閉症のスペクトラムの中にいただろうと考えられています。

アインシュタインは生涯にわたって、英語は比較的苦手だったと言われています。アメリカのプリンストンの高等研究所へ行ったあとも、そうです。ただ、アインシュタインは、もし物理学者をやっていなければ音楽家になっていたであろうというぐらい、音楽、特にモーツァルトを愛した人なので、音楽的言語は非常に発達していたのです。

言語類型論の研究で、日本語と韓国語はお互いに訳しやすいけれども、日本語と英語は極めて難しいということを、「言語間の距離」という概念で表します。日本語と韓国語の距離は近いけれども、日本語と英語の距離は遠い、というふうに。

それだけではなくて、言語的な距離以外に、認知的な態度とかそういうものの距離が、日本語と英語は非常に遠いので、苦労します。フランス語やドイツ語の話者が英語を習得するのとは、ちょっと難易度が違うでしょうね。

逆に言うと、さっき言った「望ましい困難」（ディザイアラブル・ディフィカルティーズ）の理論で言えば、そこを乗り越えると、日本人にとって非常に大きな果実が約束されていることになりますね。困難があると、それが脳の成長のきっかけになるというのが、いま非常に注目されている理論なのです。日本人にとって英語習得は困難だけれども、やれば、得《う》るものが非常に大きいわけです。簡単にできてしまう人たちよりも。

日本人は、常に漢字を学び続けなければなりません。いまだにみんな、小学校6年間、中学校3年間、高校3年間と、ずっと新しい漢字を覚え続けなければいけない。その学習負担は、英語圏ではあり得ないことです。アルファベットは1〜2年で全部覚えられるわけです。ですから、日本語という言語はもともと認知的な負荷が高いと思うのです。そうすると、日本語に使っている脳の回路を他の言語にも振り分けるということが、より困難になりますよね。余裕があまりないから。そういうことも、きっとあるのかもしれない。

そう考えると、日本人が英語が苦手だというのは、それなりの理由があるということになりますが、だからこそやらないといけない。やると非常に良いことがある。

「心の理論」

相手の心を読み取る能力は、厳密な意味では人間にしかないと言われていて、これは「心の理論」と呼ばれるものです。

特に誤信念課題（フォールス・ビリーフ・タスク）として知られる実験がありま す。被験者は次のような場面を見せられます。

まず、最初に女の子が部屋の中で人形を赤い箱にしまってから部屋を出ます。次に別の女の子が部屋に入ってきて、赤い箱の中の人形を取り出して、それを別の青い箱に移してから部屋を出ます。そうして後、再び最初の女の子が部屋に戻ってきます。この女の子が人形を手に入れようとどこを捜すと思いますか、と被験者は質問されます。

質問された被験者が「赤い箱」と答えた場合、この被験者は、客観的な事実と違う他人の内的な状態を表象できるということです。

「青い箱」と答えた場合は、被験者は、最初の女の子の心の中が想像できないで、自分の目で見た客観的な事実を答えていることになります。

この課題を人間はだいたい4歳ぐらいから解けるようになります。

例えば、四人で会話をしていて、そのうちの三人はある事実を知っているけれども、一人はある事実を知らないというときに、人間だったら、この人は知らないということをもとに、例えば、ある方が亡くなったことをまだ知らないとか、人事のこととか、まだ誰かが昇任するということを知らないということを前提に話ができる。それが誤信念課題です。それができるのが、これはいろいろな説がありますが、厳密な意味では人間しかないというのが、現在の理解です。チンパンジーやオランウータンなども、厳密な意味ではそれができない。それを支えているのがミラーシステムだと考えられています。

相手の心を読み取るということが言葉の本質の一つだとすると、この能力は人間にのみ特徴的なものだと言うことができると思います。面白いことに、子供に読み聞かせをすると非常に有効だということがわかっていますが、そのときに、登場人物の心情を聞きながら読み聞かせをすると特に有効なことがわかっています。例えば、「桃太郎はサル、イヌ、キジが一緒に行こうと言ったときに、どういう気持ちだったでしょう」とか、「鬼が島の鬼たちは、桃太郎に退治されたときにどんな気持ちだったでしょう」とか、子供に聞きながら読み聞かせをすると、子供の心の理論、相手の心を読み取る能力が発達すると言われていますが、それもミラーシステムと関係している。

英語学習の一つの方法として、心情を聞くというのは有効ではないかと思います。それは、何度か言った、ドラマ・エデュケーションの有効性です。ドラマというのは、解釈です。この人物の、いまの場面での心情はどういうものか。自分なりに理解して、それを表現するのが演劇なので、そういう意味では非常に有効だと考えられています。

心の理論には、二つの要素があります。一つは、相手に共感すること。相手が悲しんでいたら自分も悲しいと共感する。喜んでいたら、共感して喜ぶ。もう一つが、共感はできないけれども、相手の心を推定するというやり方です。理屈というか、推理と言ってもよい。例えば、男性が女性のある種の気持ちを理解することはなかなかできないと言われていて、逆もしかり。しかし、共感はできなくても、「ああ、こういうことなのだ」と、理屈での理解はできるということで、感情の共感と、理屈での理解の両方が重要であると言われています。

ですから、この心の理論から帰結される方法を言語学習に取り入れたほうが良いでしょう。そうすれば、言語の理解が、より身体性というか、自分の身体を伴ったものになっていくと思います。発音を習得するときにも、身ぶり手ぶりを使ってやると良いという考え方もあるし、もともと言語というのはジェスチャー起源だという説もあるので、なるべく感情を含めた全身表現にしていったほうが、言語が定着しやすいことは間違いない。赤ちゃんや子供はそういうルートを通って言語を獲得していきます。

従来から、脳の中にはウェルニッケ言語野と、ブローカ言語野の二つの言語野があると考えられてきました。

ウェルニッケ野は感覚統合の領域なので、視覚、聴覚、味覚、嗅覚、触覚の各モダリティで、情報が統合されているところで、意味というのはそういうところから立ち上がるということです。感覚統合というのがウェルニッケの非常に大きなポイントだと思います。

一方、ブローカ野のほうは、運動性言語野で、ミラーシステムがまさにそこにあると考えられています。発話するとか、言葉を書くとかいうのは、実は、いま言った心の理論の働きと非常に深い関係があるということが推定されます。同一でないにせよ、少なくとも非常に近い関係にあるということです。

感情が喚起されるというのは、ブローカ野とウェルニッケ野の、どちらも関係していています。むしろ連携していると考えられます。さらに、頭頂葉の、自分の身体のイメージを作っている、ボディ・イメージの領域も当然関係してくると考えられて

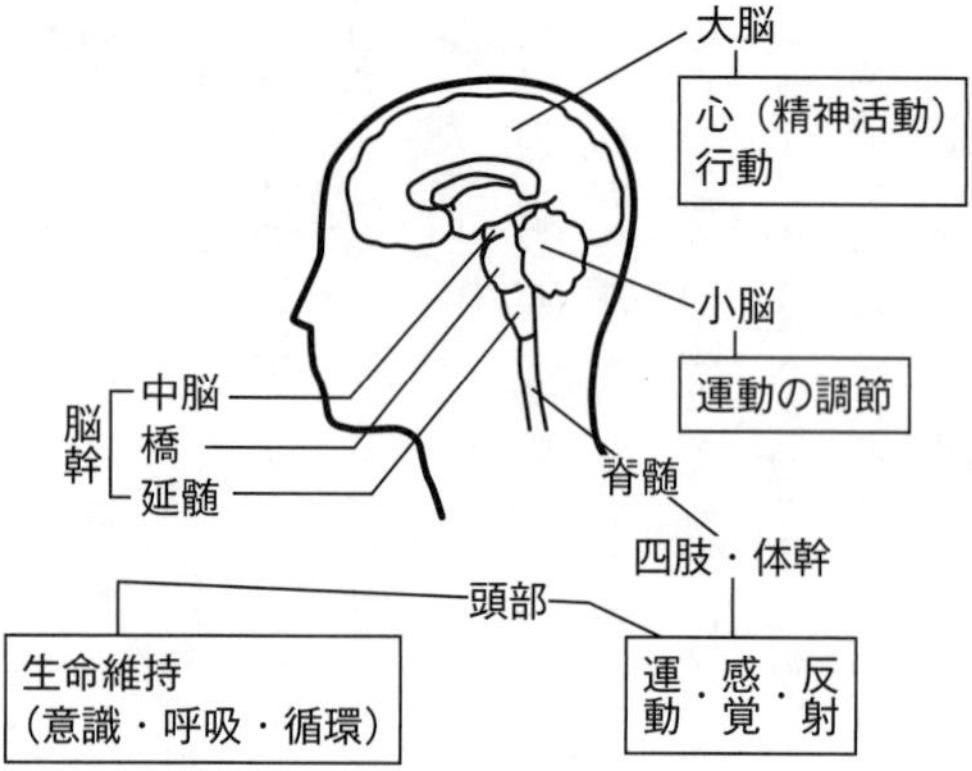

脳の働き

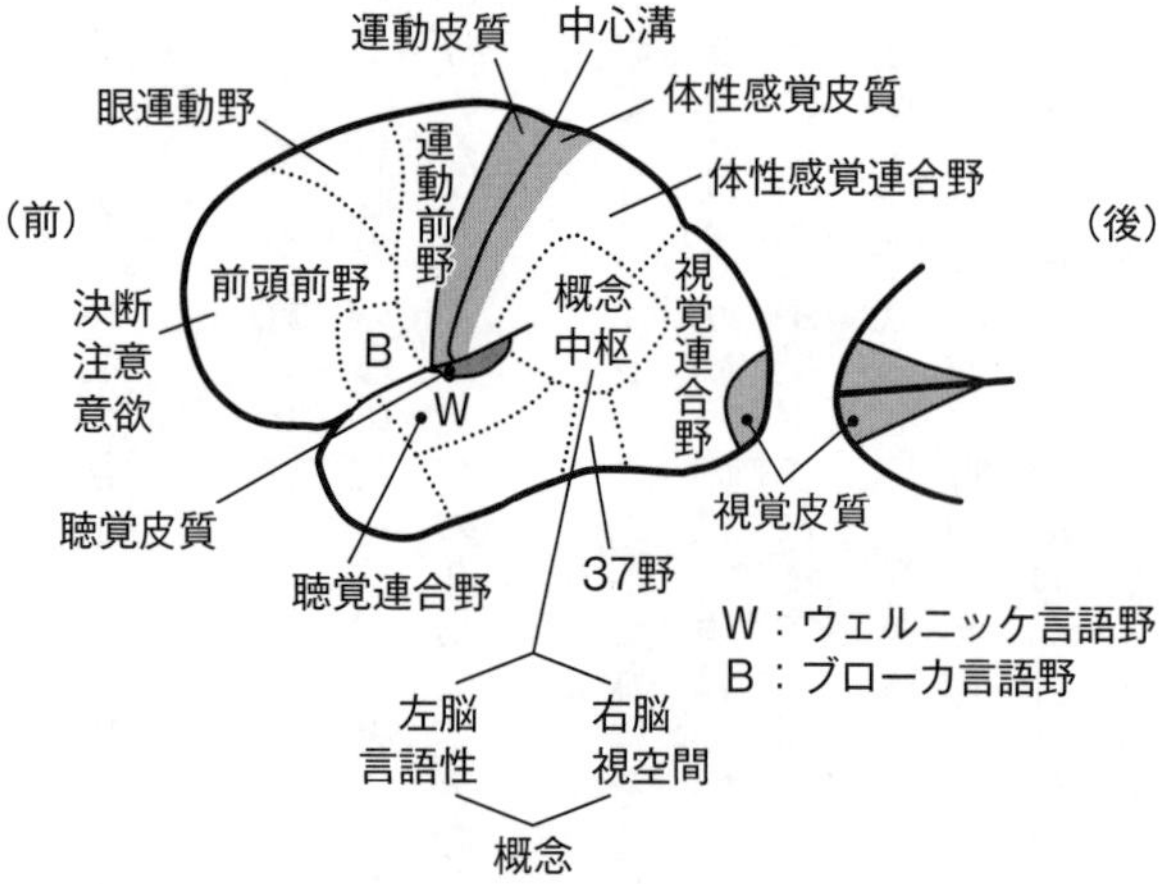

大脳皮質の機能局在

いるので、少なくとも役者は三者いるということだと思います。前頭葉の運動性言語野のところのミラーシステムと、頭頂葉のボディ・イメージというか、自分の身体イメージを作っているところ。それから、側頭連合野の感覚統合。感覚統合のところは扁桃体、感情の中枢と非常に深い関係があるので、その辺が全部密接に絡んでいろいろなことが起こっているということだと思います。

言語を習得するというのは、スポーツや、音楽を演奏するのに近い。例えば、ピアノ演奏でミスタッチがあったり、思ったように弾けないのと同じように、英語をうまく話せない人は、文法ミス、発音ミスがあったりするからで、そういうように、自分の中のイメージが言語としてちゃんと外に出るかどうかという意味では、スポーツや楽器演奏と共通点があると思います。運動の制御とかプランニングは共通だと思われるからです。ですから、有り体に言うと、しゃべったり書いたりしないと習得はできない。アウトプットをしないと習得できない。これが先に言った道具的学習です。自分の身体を道具として使わないと学習できないということが、一般に言えると思います。

日本人の英語の敵は、日本人

伝説の音痴の歌手、フローレンス・フォスター・ジェンキンス（1868－1944）の実話をもとにした映画『偉大なるマルグリット』が、今年（2016年）春に日本でも公開されました。

彼女はすごく面白い人で、ニューヨークにいて、もともとすごい金持ちで、自分で勝手にリサイタルをやって、友達に聴かせていた。ところが、プロは絶対聴きに来なくて、「絶対に特別な人にしか聴かせません」とか言っていて、すごく上手いという評判が立ってしまった。すごい歌手なのだと。ところが、生涯に一回だけプロの批評家が来てコンサートをやった。それで音痴だということがバレてしまったという面白い人です。

音痴であることがバレたのですが、本人は一生、自分は上手いと思って生きた人なのです。写真や彼女の歌の音源などがいろいろ残っています。サロンのようなところで、熱心なファンの聴衆を前にして一人で歌っていたのですね。

あとは、画家アンリ・ルソー（1844－1910）も、いろいろ絵を描きましたが、彼も当時はすごくバカにされていて、まったく売れない画家でした。そのルソーの絵を二つ、ピカソが買ったのですが、そもそも何のために売っていたかというと、キャンバスに使うために売っていたのです。ルソーの絵がもう箸にも棒にもかからない、ああいう奥行きのないフラットな絵というのは、当時は超下手くそというか、子供みたいだと思われていて、何のために画材屋さんが売っていたかというと、この絵ではなくて、キャンバスを塗り潰して新しい絵を描くために売っていたという話です。それを、「この絵、いいじゃないか」というので、ピカソがルソーの絵を発見したという話になっています。

フローレンス・F・ジェンキンス

いまではもう、ルソーは独自の才能を

もった人だと思われていますが、下手くそというのが、脳の仕組みから言うと、むしろ面白い。「下手くそ」には可能性がある場合があるのです。それは、人工知能が最初にブロック崩しをやったとき下手くそだったり、先のフローレンス・ジェンキンスの場合と同様です。本人はすごい自信をもって歌っているというのがすごく素敵なところです。

この姿勢を日本人は学ばないといけないと思う。日本人の英語に対する感覚は、ものすごく神経症的です。よほど、学校教育のどこかでこういう神経症的な感覚を植えつけられてしまっているのですね。

フローレンス・フォスター・ジェンキンスはたしかに下手くそですが、それが映画になるということは、この人にみな、何か愛すべきものを感じているということです。才能か、可能性を感じているということだと思います。

本人はマジなんですよ。こういう感覚に対する優しさが、日本の英語教育にはありません。

ですから、日本人の英語の敵は、日本人ということになりますね。ちょっとした発音の間違いなどを、本当にバカにしますよね。何なんだろうと思いますよ。何度も言いますが、ネイティブはまったく気にしない。ネイティブで、まず、文法ミスとか発音の変なところを笑ってバカにしている人は、見たことがありません。日本人同士だと、しょっちゅう見ます。「おまえはRとLの区別がついていない」という指摘もよく聞きます。

子供に英語を、お母さんが一所懸命、小学生からやらせているのは、英語ができるようにさせるためではなくて、良い学校に入れるためですからね。試験に合格させるためです。

アンリ・ルソー（自画像）
（写真提供：Bridgeman Images／時事通信フォト）

つまり、日本における英語教育の意味は、パフォーマンスではなくてポジションなのです。英語としてのパフォーマンスを求めているわけではない。そういう日本で、一番尊敬されるのは、難しいと言われている学校に行っていて、だけど、英語は下手くそな人が、「ああ、なんか人間味があるな」と思われる。倒錯しています。

村上春樹さんの英語のレクチャーは、一時期ネットに載っていたことがありました。例のイスラエルでの「卵と壁」のスピーチもそうでした。決して流暢《りゅうちょう》でも、上手い英語でもないですけど、欧米の人はそんなことは誰も気にしません。村上春樹さんが何を伝えたいかということにしか興味がないから当然です。

おそらく、日本人のちょっとセコい人だと、「なんだ、村上春樹、英語上手くないじゃないか」というところでバカにして優位に立とうとするのでしょうけど、本当にナンセンスだと思います。劣等感の裏返しでしかないと言えると思います。彼らは、村上春樹さんみたいな小説を書けないですからね。

英語脳をつくる正しい方法

僕は2009年からツイッターを始めましたが、いまではフォロアーが93万人を

イスラエルの文学賞「エルサレム賞」の受賞スピーチを行う作家の村上春樹氏(2009年2月15日、エルサレム)有名な「卵と壁」のスピーチはこのとき行われた

(写真提供:時事通信)

超えました。フェイスブックもＬＩＮＥもやっています。また、オフィシャル・ブログでも、かなりたくさんの文章を発信してきました。その一つに、フォロアーさんたちから質問を受けてそれに回答を寄せる「脳なんでも相談室」というジャンルがあります。

その中から、英語学習に関する中学生からの質問とそれに対する僕の回答をお目にかけます。

学校の英語の授業が面白くないです。アメリカに住むいとこに「FaceTime」で英語を教わっているほうが面白いです。茂木先生、私は間違っていますか。（14歳・女性・東京都）

そうか、アメリカにいとこさんがいるんだね！

いいねえ！

そして、FaceTimeでの、リアルタイムのやりとり。

アメリカの雰囲気とか、文化とか、そういうものが伝わってくるだろうし、楽しいだろうね！

そこでの英語のやりとりは、いきいきとしたものだと思います。だから、大いに楽しんでください。

また、人間というものは、楽しんでいるときに、いちばん多くのことを学ぶわけですから、英語力も、ぐんぐん伸びると思います。

将来は、君も、アメリカに行ったりして、活躍するかもしれないね！　そのとき、英語は絶対に必要だから、いまから少しずつやっていくといいよね！

とにかく、アメリカにいとこさんがいて、生きた英語を学ぶチャンスがあるのは、とても素敵なことだから、その機会は、大いに活かしてくださいね！

さて、もう一つの、学校の英語の授業のほうの問題です。

まず、君が、それを「面白くない」というのは、恐らく本当にそうなんだろうと思います。そして、「面白くない」ということの理由としては、いくつかのことが考えられます。

まず第一に、日本でやっている、ということの不利な点がありますよね？　日本は便利な国で、日常生活をする上で、特に英語は必要ありません。だから、多くの日本人は、君も知っているように、英語があまり得意ではありません。

ひょっとしたら、君の学校の先生も、熱心に教えてくださっているとは思うけど、ご自身の英語力には、ネイティブほどの自信がないのかもしれません。また、英語の生きた感覚も、君のアメリカに住んでいるいとこさんほどには身についていないでしょう。

加えて、日本の学校における英語は、何よりも試験の、特に受験のための英語である、という事実があります。

ある方が、面白いことを言ってました。日本人の英語は、英語を受験科目から外したら、ぐんと上達するのではないかと。

もちろん、一つの冗談ですが、考えてみると、子供たちはゲームが大好きですよね。それで、やり過ぎてはいけないと時間を制限されたり、場合によっては禁止されても、陰でこそこそとゲームをやって、上達してしまいます。

もし、これが、ゲームが試験されたり、受験科目になったりしたら、どうでしょうか？　子供たちは、いまほどに熱心にゲームをやるでしょうか？　ひょっとしたら、ゲームをやろうとしても試験のことが頭の中でちらついて、いやになってしまうかもしれませんね！

英語も、ひょっとしたら、同じかもしれません。試験だと思うと、なんだか、嫌になってしまう。もちろん、試験だというと、逆に張り切る人もいるでしょうが（君も、ひょっとしたらそうかもしれないね！）、中学生が英語を嫌いになる理由の一つが、試験や入試に出るから、というのは、それほど外れていないかもしれません。

まとめると、君が、学校の授業をつまらないと思うのは、そもそも日本で教えられているという不利な点があるし、また、試験のための勉強になっているという側面があるのではないかと考えられるということです。他にも理由があるかもしれないけど、とにかく、事実として、君は、英語の授業が面白くない、と感じてしまっているわけですよね。

そして、そのように感じることに、正しいも、間違っているもありません。君が、英語の授業を楽しくないと感じていることは事実なんだし、それは、恐らく、誰の責任でもありません。学校の先生の責任でもないし、君の責任でもない。単に、以上に述べたような状況、理由のせいだと思うのです。

さて、ここからが問題なのだけど、君は具体的にどうするべきか、ということです。

一つ提案なのですが、せっかく、英語に興味をもっているのだから、英語の授業の時間を、つまらないと思って過ごすのはもったいない。なんとか、面白い過ごし方ができる工夫をしませんか？

僕自身が中学の頃よくやっていたのは、先生の話をちゃんと聴きながら、手元で、辞書をずっと読み続けることです。当時は紙の辞書だったけど、いまは電子辞書かもしれないね。知らない単語がたくさん出ているから、それを読みながら、少しずつ覚えていくのです。

あるいは、頭の中で、先生がおっしゃった英語を繰り返したり、覚えた英語のセンテンスを暗唱したり、といった、トレーニングをしながら授業を聴くことです。君だったら、ちゃんと授業を聴きながら、できると思うよ！

とにかく、肝心なことは、自分で自分の脳に負荷をかけて、退屈しない工夫をすることです。中学生の頃の脳は、本当にたくさんのことを吸収するのですから、退屈だと思ってぼんやり過ごしているのは、もったいないことです。

「今、ここは、私の人生のかけがえのない時間なのだ！　退屈していたら、もったいない！」と思って、いろいろ工夫してみてください。せっかく、英語に興味をもっているんだから、ぐんぐん伸びていって欲しいです。

がんばってくださいね！

注：FaceTime: iPhone同士、無料で通話・テレビ電話が出来るアプリ。

文脈によって英語を使い分ける

英語を使う文脈は、主なものだけを挙げても、海外旅行で、街中で他人に道を聞くとか、レストランで注文するとか、電話をかけて予約をしたり、いろいろあります。

恐らくこれから機会が増えると思いますが、大学での英語の授業を実際に現地で、ないしはオンラインで聴くとか、そのときに質疑応答で答えるとかいうのもある。

難しいのは、ハウスパーティーでネイティブがまわりにいて、ノイズがうるさい中で会話を続けるとか、クラブに行って踊りながら、音楽が鳴っているところで会話をするとか、いろいろな文脈によって少しずつ求められる能力が違う点です。一つのやり方だけでは、慣れていないところに行くと対応できないですね。

ですから、これから英語を習得しようと思ったら、なるべく多くの想定している状況を経験できる、ないしはシミュレーションできるような学習法が望ましいと思います。

日本語の敬語に近い使い分けが英語でもあります。丁寧度の度合いに段階がある。文脈によって、ある種の言葉、例えばスラングは使わないという暗黙のルールもあります。

僕も、アメリカのスラングは非常に苦手です。くだけた言い方というのは、普段僕がいる文脈ではあまり使わないからです。例えば、「インセイン（insane）」という言葉も、「正気じゃない」という意味ではなくて、ほめ言葉で使うのですよね。そういうスラングは使う機会が比較的少ないので苦手です。

やはり、英語は文脈によって全然違うと思います。

最近、面白いことがあって、僕がお手伝いしている、英語と日本語教育を両方やっている学校で、スタッフに、灘高から東大文I・法学部を出て、センター試験でも非常に優秀だった人が、このまえ僕の講座でビデオを見ていて、昔の英語ですね、thou と thee が出てきたら、隣のケン・フォーセットというネイティブに「これ、何？」と聞いたらしいんですよ。いままで生きてきた中でザウとズィーという英単語を一度も見たことがなかったのです。thou は古い2人称単数形の代名詞（主格）。いまの you です。thee はその目的格です。

情けないというか、面白いでしょう。そんなところがあるのですよ。シェイクスピアにも出てくるし、あとは、ふざけて昔風にしゃべるときにも使うけれども、この人はそういう場面や人に出会ったことがないことになる。

言葉はどんどん進化していくので、やはり場数を踏まないといけない。どう日本で場数を踏むかが問題ですね。

具体例をもう一つ挙げると、「ディファレント（different）」のあとの前置詞は、我々は「フロム（from）」と習ったけれども、アメリカのスピーチを聞いていると、よく「ディファレント　ザン（different than）」と言うのですね。なんだか気持ち悪くて調べると、文法的には「フロム」のほうが正しいようですが、「ディファレント　ザン」をよく使うのですよ。

言葉は生きているので、この方法さえやっていれば大丈夫ということはないのではないですかね。

まず、学習ポイントを増やすしかないということです。

同時通訳者だった國弘正雄さんが「只管《しかん》朗読」ということを提唱なさったそうで、とにかく音読をしなさい、リーダーを1日20回も30回も読みなさいと言った。

これは、初学者には特に有効だと思います。僕も中学校のときは、ビートルズの歌とかよく歌っていました。

あと、僕の中学校のときの英語の勉強は、定期テストの準備は、教科書の範囲を全部暗記して書けるようにしていました。それでもう英語の試験はほぼ完璧でした。

特に初学者には、その方法は有効だと思います。英語もやはり、いきなり高いレベルというよりは、土台、梯子をどうつくるかが大事だと思います。とにかくテキストの丸暗記というのは非常に有効だと僕も思います。

TOEICもTOEFLも到達目標にしてはいけない

ただ、よくCNNとかFOXのニュースが聞き取れればよいと言いますが、あの英語を聞き取れても、ブロークンなドラマや映画の英語は聞き取れないし、あの英語が聞き取れても大学の授業はわからないので、そこは認識しておいたほうが良いと思います。

よく言われるＴＯＥＩＣは、内容を見ているとビジネス英語で、あれがわかってもアカデミックな英語はわかりません。やはりＴＯＥＩＣとＴＯＥＦＬはそこが違うと思います。

ＴＯＥＦＬのほうがアメリカの大学に留学する人の英語力を測るために出てきているものなので、単語や文章がアカデミックです。ＴＯＥＩＣとはまったく違います。

ですから、そこは認識しておかないと、英語圏というと、ＴＯＥＩＣもＴＯＥＦＬも全部同じように思ってしまうけれども、実は全然違うと思います。

リーダーを丸暗記する、声に出して読むことは、一種の運動と関係します。脳の側頭連合野に、声を出すことで運動の出力も入るし、目で見ることで視覚も入るし、耳で聞くことで聴覚も入るので、記憶としてより定着しやすい。しかも、それがシンクロして入るわけで、いわゆる三本の矢の譬えではないけれども、単独で記憶するよりは、声に出しながら、あるいは手で書きながら読むと、さらに、四つのモダリティが加わるので非常に有効だと言えますね。

記憶というのはある程度負荷をかけないとダメなので、歌舞伎役者の市川海老蔵さんは、歌舞伎の台詞はギリギリのところになるとスイッチが入って覚えられるとおっしゃっていました。やはりダラダラ覚えてしまう人が多いので、「これは、この時間の中で覚える」と、ある程度タイムプレッシャーをかけて覚えないといけない。脳は基本的に怠けよう、怠けようとするので、自分にプレッシャーをかけてリミッターを外すようにしないといけないと思います。

普通に文章を読んでいて、わからない単語が出てきたら辞書で調べるというのが、昔からの方法ですが、最近は電子書籍があるので非常に便利になりました。ハイライトすると意味が出てくる。例えば、「インソムニア（insomnia）」という単語がわからないとしたら、ハイライトの部分をタッチすると「眠れない」という意味が出てきます。グーグルの「Google 翻訳」というアプリは、パソコンの画面で同じことができます。ですから、キンドルにしろ、こういう電子書籍のソフトを使うのは非常に有効な方法だと思います。具体的に自分が読んでいる文章の中で出てくる単語なので、非常に印象深いし、そういうものをハイライトしておいて、あとでそこだけ復習すると完璧になっていくと思います。

その他に、意外と良い方法は、自分のレベルに合わせた単語集を使うことです。自分が知っている以上の単語が出ているような単語集は無数にあるので、それを使うのが有効です。

最近は『ハリー・ポッター』なんかも原書で読みたいという人が多くなってきている気はしますね。僕は、『パーシー・ジャクソンとオリンポスの神々』のシリーズ6冊を全部読みました。子供たちが「ああ、それ知ってる」と言って、夢中になるような流行りもののシリーズがあります。最近はそういう本を原書で読みたいという人が増えてきています。

それに、近頃は字幕がすごく充実してきています。ユーチューブの自動生成の字幕も最近は精度が上がってきているので、一挙に守備範囲が広がった感じがします。それこそ、TEDのスピーチから、例えば、ビル・ゲイツの「エネルギー問題」を主題にしたものを選んで、最初は自動生成の「英語字幕」を見ながら聞く。

慣れたら、字幕を外して生のスピーチをそのまま聞く。そういう方法で英語を身につけた人が、これからはどんどん出てくると思いますよ。そういう意味では、これからＩＴで、わからない単語のチェックはものすごくしやすくなると思います。

英語は継続、継続、また継続です。僕の経験からも、これしかないと思います。

ジョークとユーモア

僕は英語のコメディを大量に見ますけど、コメディは非常に良い教材です。

また僕はカルチャーセンターなどで英語のジョークを教材に使います。最近はイギリスの『インディペンデント』という高級紙（現在は電子版のみ）に「このジョークがわかる人はＩＱが高い」というのが、ネイティブの読者向けに出ていて、それも教材にしました。ジョークはわからないと笑えない。コメディ、ユーモアというのは、学習教材としては非常に良いものです。

僕が最初に見たコメディは、小学校五年、六年のとき、「モンティ・パイソン」

という番組で、テレビ東京で日本語吹替えでやっていたものです。それ以来、ずっとイギリスのコメディを愛していて、最近はアメリカのコメディも手軽に見られるようになったので、「サタデー・ナイト・ライブ」とか、「ザ・デイリー・ショー」というのも見ています。政治的な風刺の利いたコメディで、聴いていて笑えないということは、わからないということですよね。それをカルチャーセンターなどで試しにやってみると、日本人は本当にわからないですね。

コメディをそのまま見せるのではなくて、もうちょっとレベルを落として、文章化されているのを見せて、「これはどこが面白いか」と聞いてみます。カルチャーセンターに来ている方々はそれなりに知的レベルも高いし、好奇心も強い人たちですけど、わからないので、日本人の英語力の現状はかなり厳しいと言わなければなりません。単に文法やボキャブラリーがわかっているというだけじゃなくて、背景となっている文化的な文脈もわからないと、ジョークは笑えない。

だから、もし僕が大学の教授だったらそういう問題を出しますね。「このジョークはどこが面白いのか説明しなさい」と。いろいろなことがわからないと説明できないので。

僕が見ている範囲では、例えば、「イエス・ミニスター」というイギリスの政治コメディがあって、マーガレット・サッチャーさんが一番好きなコメディと言ったものですけど、非常に洗練されています。僕はそれをずっと見ているので、イギリスの政治文化についてのある種のコモンセンスもわかって面白い。それもときどきカルチャーセンターで試しに見せると、受講生の方々は難しいと言うのですね。ほとんどわからないと言うのですよ。それが逆にショックで、これがわからないと、例えば、イギリスに行ってある程度のインテリと話したときに、もう、対等な関係にはなれない。

やはりイギリスでは、コミュニケーションの基本はジョークです。息継ぎみたいなジョークです。

ただ、吉本の笑いとは違います。笑いも文化の差があって、吉本の笑いはどちらかと言うと関係性の笑いです。僕はときどきテレビのお笑いの方々とスタジオで一緒になるのでわかりますが、吉本の笑いは上下関係とか、何か関係性の笑いです。

それは日本社会の非常に大きな特色を表しています。

オヤジギャグが嫌われるのも、あれは結局、べつにダジャレに対する嫌悪感ではないのです。ダジャレを言うこと自体はイギリスでもあります。日本でオヤジギャグという蔑称で嫌がられるのには二重の意味があります。つまり、ミーティングで上司がジョークを言うことで、みんなが笑わないといけないというか、場を支配する権力関係を背景にしているから嫌われるので、これは世界共通の現象です。

年齢が上と下の男性が一緒にいて、何か言い合ったときに、年齢が下の人のほうがお追従《ついしょう》笑いをする確率が高いのですね。年齢が上の人のほうが権力が上だから。逆に、若い女性と年配の女性が一緒にいると、年配の女性のほうがお追従笑いをする確率が上がるのです。これは、若い女性のほうが権力者だということで、非常にわかりやすい。この調査は日本の話ではなくて、欧米での研究事例なので、どの国でも若い女性のほうが価値があるということでしょうか。

吉本の笑いは人間関係、上下関係に伴うストレスなどをネタにして笑うのに対して、イギリスのコメディは、どちらかと言うと批判的な、クリティカル・シンキングに伴うような、観察や洞察を基にした笑いです。あとは、社会的なタブーなどについての笑いなので、笑いの文化が全然違っています。

それから、アメリカのコメディはイギリスと共通のところもあるけれども、それに加えて、学生の悪ふざけみたいな、ちょっと悪ノリのプラクティカル・ジョークというか、ちょっとイタズラをしたり、そういう笑いが意外と多いですね。

ジョークとユーモアのセンスは絶対に欠かせないですね。これがないと英会話は難しい。特にパーティーなどでは相当苦労します。ですから、ユーモアのセンスも含めて、非言語障壁が、英語理解では大きい気がします。

コメディはユーチューブで

高校のときは、リーダーズダイジェストの、最初は日本語版を読んでいて、そのあと英語版を取るようになりました。あれには必ずジョークのページがあって、よく読んでいました。面白いですよね。

僕はいまだに、普段見る英語の素材は90％がコメディやジョークです。アメリカの「ザ・デイリー・ショー」という時事もののコメディショーは、月曜から木曜まで放送しています。それから、土曜日は「サタデー・ナイト・ライブ」を必ず見ます。

あとは、BBCが大量のコメディ番組を作っているので、それを見ているだけで、時間が過ぎてしまう。最近だとシェイクスピアの生涯をパロディ化したものとか、「一番イケてるオーストラリア人を選ぶ」という、モキュメンタリーといって、ドキュメンタリー・タッチのコメディ番組とか、いろいろあって、そういうのを見ているだけでも時間が足りなくなるぐらい素材はたくさんあります。

コメディの英語素材はやっぱりいいですね。わかったか、わからないかがはっきりするから。一般のドラマだと、何となくわからないんだけど見ているということがありますけど、コメディは、笑えないとわかっていないということなので、素材としては非常に優れている。英文を理解できたかどうか。英文だけじゃなくて、文脈やポイントを理解できたかどうかは、笑えるか笑えないかということで、ほんとにはっきりするものです。簡単なものから難しいものまでいろいろ揃っているので、英語に欠かせないユーモアのセンスを身につけるうえで、コメディものは非常にお薦めですね。

ＢＢＣの映像も、アメリカのコメディも、いまではユーチューブにいくつも挙がっていますから、いつでも見ることができます。

終章

日本から世界への英語発信は必ず増える

英語脳によって日本語も豊かになる

現在、親御さんの間で子供の英語習得に対する関心がものすごく高まっているのは、社会的なパスポートだと思っているからだと思います。英語を話せるか話せないかで、これから先の子供たちの人生の幅が違ってきてしまうと思っている。

英語脳というのはいろいろな要素がありますが、言語としての英語が話せるということでもあるし、マインド・セット、英語的な発想ができるということでもあります。それから、見落とされがちなのが、英語を話せる人はべつに英語ネイティブだけではないので、英語で話すといろいろな多様性を経験することになる。多様性というのが一つの鍵になると思います。

僕がここ1か月で英語を話した相手も、イタリアでイタリア人と、フランスでフランス人と、アメリカのタクシー運転手がケニア出身の人であったり、あと、韓国の人や中国の人もいてほんとに多彩です。英語ネイティブでない人との会話のほうがむしろ多いのです。それは、多くの人がする体験です。日本にも外国人がたくさんいらしていますが、英語ネイティブはむしろ少数派ですよね。

英語脳は結局、多様性に触れる脳と言うこともできる。バイリンガルの脳は認知症になりにくいというデータがあって、日本人にとっての英語脳というのはバイリンガルで、認知症になりにくい脳ということにもなるでしょう。

それから、英語脳になるというのは、それなりにその人が過去にチャレンジを積み重ねてきて、それだけのことを達成したという証でもあるわけで、この人は自分で課題を決めて、練習したり努力をしたりして目標を達成することができる人だと、一つの証明にもなることだと思います。

特に帰国子女でない人が英語を話せると聞くとき、我々が受け止めるメッセージはそこだと思うのです。帰国子女でもないのに英語ができるようになっているということは、それなりに努力する能力があるのだなということを示している。ということは、英語だけではなくて、他のことでも、努力して課題をクリアする力があるのかもしれないと相手に認めさせることになる。その意味でも、パスポートとしての役割があるような気がしますね。

それから、ある小説家が誰かに「どうしたら小説を書けますか」と聞かれて、何と答えたかというと、「どれか一つ、何でもいいから外国語をやりなさい」とアドバイスをしたという話があります。日本語で小説を書く場合でも、外国語を何か一つやると豊かになるということを、その小説家は実践から知っているわけですね。

そういう意味では、実は英語脳というのは、日本語自体も豊かになる脳だということだと思います。夏目漱石も英語を徹底的に、発狂するぐらいやって、日本語の表現であれだけのことを成し遂げたわけですよ。だから、英語脳というのは日本語の充実にもつながるということではないでしょうか。

内田樹《たつる》さんが面白いことを言っていて、僕もそういうところがありますけど、科学者ということもあるから英語の文献が基本なので、僕はある時期から、日本語で何か書くときは、英語で表現できないことは基本的に書かないようにしました。

例えば、「人生は揺らぎゆとりが大事です」みたいな、「揺らぎ」と「ゆとり」を掛けたような、ユラユラな人生が大事だということをおっしゃる方がいますが、僕はそういう表現をしないし、できない。なぜかというと、「揺らぎ」と「ゆとり」で音が似ているのは日本語だけの話だから、英語にはその概念がないわけです。この話をしたら、内田さんが「僕もそうなんだよ」とおっしゃっていました。あの方は、フランス語で書けないことは日本語でも書かないとおっしゃっていました。

そういうふうに、日本語表現自体が変わるという効果もあるようですね。

ゲーテは、「外国語を知らない者は、自国の言語についても何一つ知らない」と言ったそうですが、そうなのかもしれないですよね。英語ができるようになると、日本語の大事さもわかるようになってくる気がします。

もともと、会話文をカギカッコでくる、「すぐお宅へお帰りですか」「ええ別に寄る所もありませんから」のような表記法は、明治以前の日本語にはないので、樋口一葉の『たけくらべ』とかは、地の文と会話文の区別がありません。しかし、漱石は完全にカギカッコで括っているのは、ヨーロッパの言語の影響ですよね。句読点なんかもそうですね。

だから、日本語は外国語に触れることで随分豊かになってきた。僕はドイツ語をある程度やったことで、日本語の感覚が少し変わってきたところがある。まあ、英語ほどではないけれども、そういうところを実感するので、やはり有意義なことだと思いますね。

漱石は非常に英文を読めたわりには、書く日本語は英語的な文章ではないですね。そこが漱石のすごいところです。漢文の素養が多かったということもあると思います。

ですから、英語脳は、日本語脳の充実にも通じるというのは、多くの人が安心することではないでしょうか。日本人として日本語を大事にしたいのに、英語を勉強すると日本語がめちゃくちゃになってしまうと言う人がいるけれども、そんなこともないという気がします。むしろ、最近は日本の流行歌の歌詞から、以前より奇妙な英語が駆逐されたような気がしています。

でも、いまの世の中、やはり流行るものは国境や文化を越えたものだということになると、ビジネスをやるうえでも、特に英語の文脈は空気を吸っているように吸っていないとダメですね。小説で言うと、もう世界文学というのが当たり前の時代だと思います。べつに何語で書いてもあまり変わらないという時代なのではないか、と感じます。

川端康成の『雪国』を、ノーベル賞委員会が恐らく英訳で読んで、日本の情緒ということを評価したというあたりも、言語のもつすごく不思議な力でしょう。英語でも『雪国』の情緒が伝わったということでしょう。つまり、日本的なものの意味も、英語で伝わるということです。

日本からの英語の発信は加速する

僕は、自分自身、本を書くのも英語でやろうと、いまも人工知能の本を英語で書いています。タイムズ・ハイアー・エデュケーションという、大学ランキングを出しているところに以前エッセイを投稿して採用されましたが、その類いのことを僕自身もこれからやっていかざるを得ないだろうという感じがしています。恐らく、僕から後の世代はもっとそうなっていくと思います。直接英語のメディアに自分たちが作品を出すということが当たり前になってくる、それはもう特別なものではないということになってくるので、５年後、10年後、20年後を見ると、そういう世界になっているのではないでしょうか。

もちろん、日本語による表現は残り続けると思うけれども、ちょっと文脈が違うということになってくる。そうなったとき、自分とか、自分の子供や孫がどういう立場、ステージに立てるのかを考えないといけなくなる。善し悪しは別としても、この傾向は仕方がないことです。

いまも、例えば、村上春樹さんの小説が翻訳されて掲載されたりしている『ニューヨーカー』という雑誌がありますが、そこも常に投稿を受けつけているんですね。向こうのメディアは、世界のどこからでも電子メールで、小説とか、短編を受けつけます。３か月以内に返事が来なければ、それは載せないということで、もし載せる場合は３か月以内に連絡するということが書いてあって、べつに日本人でも誰でも投稿できます。

ですから、僕もそういうことを徐々にやっていこうと思っていますが、恐らく、僕より後の世代はもっともっとそういうふうになっていくのではないでしょうか。

イギリス最高の文学賞と言われている、ブッカー・プライズというのがあります。カズオ・イシグロが取った賞です。あの賞も、それまではイギリス在住の作家が対象でしたけど、何年か前から、世界のどこから出版されたものでも、とにかく英語で書かれた本に対して与えることになりました。

そういう形で、英語を通したグローバルな文化の競争というのが起こっていて、今年(2016年)のブッカー賞も、英語に翻訳された本を対象にした翻訳賞で、韓国の作家が書いたベジタリアンの主婦を主人公にした、ちょっと奇想天外なストーリーの小説が受賞しています。

すでにそういう動きが始まっていますが、5年後、10年後、20年後には、この動きがますます加速していると思います。いままでは、科学は英語で論文を書くのが当たり前だったけれども、他の文化の領域でもそれが普通になっていくと予想されるので、だったら、準備を始めておいたほうがよいのではないかと思います。

日本語は本当に素晴らしい文化で、日本語の文化圏の中でも特別な価値観があって、それはそれで守られ、文学賞で言うと芥川賞などがありますが、僕の予想では、どこかで、芥川賞とかと、ピューリッツァー賞とかブッカー賞とかの日本人の中でのウエイトが変化していくと思うのです。いままで、日本在住でブッカー賞を取った人はいません。カズオ・イシグロは5歳でイギリスに渡ったので、半分イギリス人だと思われているから、彼が取っても「ああ、そうか」と思うかもしれないけれども、恐らく、僕の読みでは10年後ぐらいに、普通に日本にいて英語で小説を書いて、ブッカー賞やピューリッツァー賞を取る人が出てきます。その時点で、それが残念なのかどうなのかわからないけれども、芥川賞などの日本の文学賞の見え方が全然変わってくると予想しています。そう考えたら、そういうことに興味がある方は準備しておいたほうが良いと思いますね。

　このまえ越後湯沢に行きました。川端がノーベル賞をもらったときの理由が、日本的な情緒や文化を書いたということでした。そこに普遍性があるというか、越後湯沢の駒子の湯、本当に日本的な温泉で、そこに芸者さんがいたそういう世界がノーベル文学賞の対象になるぐらい、心を打つものだということもある。逆にそのほうが日本人も救われるところがあるのかなとも思います。

そういえば、僕が子供の頃は、「日本は特殊な国だ」という、日本特殊論と言われる本が売れていました。最近はそういう話をあまり聞かなくなりました。最近その種の本が売れなくなったのは、アニメや漫画で日本のことをみんな知るようになって、受け入れられてきているからだと思います。それは日本人にとっても嬉しいことだと思います。恐らく、それがこれからさらに広がっていくことになると思います。

茂木健一郎（もぎ けんいちろう）

1962年、東京生まれ。東京大学理学部、法学部卒業後、東京大学大学院理学系研究科物理学専攻課程修了。理学博士。脳科学者。理化学研究所、ケンブリッジ大学を経て現職はソニーコンピュータサイエンス研究所シニアリサーチャー。

専門は脳科学、認知科学であり、「クオリア」（感覚の持つ質感）をキーワードとして脳と心の関係を研究するとともに、文芸評論、美術評論にも取り組んでいる。

2005年、『脳と仮想』（新潮社）で第4回小林秀雄賞を受賞。

2009年、『今、ここからすべての場所へ』（筑摩書房）で第12回桑原武夫学芸賞を受賞。

近著として、『走り方で脳が変わる！』（講談社）、『アインシュタインと相対性理論がよくわかる本』（PHP文庫）、『結果を出せる人になる！「すぐやる脳」のつくり方』『もっと結果を出せる人になる！「ポジティブ脳」のつかい方』（ともに学研プラス）、『人工知能に負けない脳』（日本実業出版社）、『金持ち脳と貧乏脳』『成功脳と失敗脳』（ともに総合法令出版）などがある。

ベスト新書
522

最強英語脳を作る

二〇一六年七月二十日　初版第一刷発行

著者◎茂木健一郎

発行者◎栗原武夫
発行所◎ＫＫベストセラーズ
東京都豊島区南大塚二丁目二九番七号　〒170-8457
電話　03-5976-9121(代表)

装幀◎坂川事務所
印刷所◎錦明印刷株式会社
製本所◎ナショナル製本協同組合
ＤＴＰ◎株式会社三協美術

ISBN978-4-584-12522-9 C0282

ベスト新書　好評既刊

民主主義はいかにして劣化するか
斎藤貴男
ISBN978-4-584-12458-1
定価／本体八三〇円＋税

特定秘密保護法の成立、集団的自衛権の解釈改憲……憲法9条は死に、「戦争できる国」づくりが着々と進んでいる。まだ間に合うのか、もう間に合わないのか。劣化するこの国の民主主義を糺す。

嫌韓の論法
金　慶珠
ISBN978-4-584-12446-8
定価／本体八〇〇円＋税

節度もなにもかなぐり捨てた〝韓国バッシング〟が止まらない。日本人による、日本人のための、日本人どうしの嫌韓論――この内向きの、夜郎自大の、弱い者いじめの議論を、心ある日本人は決して快く思っていない。

劣化する日本人　自分のことしか考えられない人たち
香山リカ
ISBN978-4-584-12443-7
定価／本体七五九円＋税

ねつ造と認定されたSTAP細胞論文。一から十まで詐欺だった〝現代のベートーベン〟、「真犯人は自分」と自白したパソコン遠隔操作事件の容疑者……立て続けに起こる、以前なら考えられない事件に探る「日本人の劣化」。

体にいい食べ物はなぜコロコロと変わるのか
畑中三応子
ISBN978-4-584-12441-3
定価／本体七九六円＋税

このあいだまで体によかった食べ物が、気がついたら体に悪いとバッシングされている。巷に氾濫する移り気な健康情報の歴史を振り返り、その興亡を跡づける、可笑しくも哀しい、食文化盛衰記。

病む女はなぜ村上春樹を読むか
小谷野　敦
ISBN978-4-584-12439-0
定価／本体七五九円＋税

日本の私小説において「精神を病む」女が出てきたのはいつからだったか。森鷗外、堀辰雄、古井由吉に連なる女のイメージから村上春樹を読み解く異色の作家評論。ポルノが世界文学といわれるその理由とは――。